大学体育混合课程教学研究

朱 岩 著

吉林出版集团股份有限公司 | 全国百佳图书出版单位

图书在版编目（CIP）数据

大学体育混合课程教学研究 / 朱岩著. -- 长春：吉林出版集团股份有限公司, 2022.9
　　ISBN 978-7-5731-2233-9

Ⅰ.①大… Ⅱ.①朱… Ⅲ.①体育教学—教学研究—高等学校 Ⅳ.①G807.4

中国版本图书馆CIP数据核字(2022)第173238号

大学体育混合课程教学研究
DAXUE TIYU HUNHE KECHENG JIAOXUE YANJIU

著　　者	朱　岩
出 版 人	吴　强
责任编辑	孙　璐
助理编辑	王　博
开　　本	787 mm × 1092 mm　1/16
印　　张	9.5
字　　数	220千字
版　　次	2022年9月第1版
印　　次	2022年9月第1次印刷
出　　版	吉林出版集团股份有限公司
发　　行	吉林音像出版社有限责任公司
	（吉林省长春市南关区福祉大路5788号）
电　　话	0431-81629667
印　　刷	三河市嵩川印刷有限公司

ISBN 978-7-5731-2233-9　　　定　价　42.00元

如发现印装质量问题，影响阅读，请与出版社联系调换。

前　言

《国家中长期教育改革和发展规划纲要（2010—2020）》指出：深化教学体制改革，重点就是要强化教学中学生的实践环节，大力支持学生参与科学理论与实践研究。在新时代全国高等学校本科教育工作会议中明确提到，要扎实推进教育现代化、信息化，推动课堂教学改革，改变传统教学模式。2019年中共中央、国务院印发了《中国教育现代化2035》，该文件第八点提到了加快信息化时代教育变革。

"混合式"教学模式（B-learning）的提出始于20世纪90年代末期，是将传统教学与网络教学相混合来实现教学的一种新模式。2003年在北京师范大学相关专家的引领下，国内高校也开始在课堂传统教学的基础上考虑融入这种基于"互联网"平台的混合式教学方式。近年来，各高等学校纷纷开展慕课、小规模在线课程（SPOC）以及在线课程平台支持的信息化教学实践，探索新型教学模式。混合式教学模式，把传统教学方式的优势和在线学习的优势结合起来，一定程度上可以打破时间、空间的限制，进行有效的教学。"线上线下混合式"教学将教学优势最大化，将成为高等学校教学改革的常态化手段。健美操课是一门综合性较强的课程，动作灵活多样，当音乐的韵律或节奏发生改变，运动强度也发生相应的变化。前人所运用的"混合式"教学更多的是形式上的混合，虽然能体现出以学生为主导，突出学生个性，培养学生的终身体育意识，但教学内容的分配、教学设计、教学评价等都不够完善。因此，现在急需一种科学的"混合式"教学体系来改善健美操常规课程模式的缺陷。"线上线下混合式"教学将立足于健美操课程的特点，针对已出现的问题进行完善。

本书旨在探究"线上线下混合式"教学模式在学校体育课程中的实践应用，首先界定了本书研究的相关概念及理论基础，对相关研究现状进行了综述。从互联网教育事业和互联网教育产业两个维度来论述互联网教育对教育变革的冲击和影响，重点论述了互联网教育给教育体系带来的整体性变革。同时结合MOOC创新扩散的本质内涵、内在逻辑、动力分析模型以及国内MOOC创新扩散的现状与发展过程中的问题，围绕国内MOOC的早期采纳机构与关键群体,将"规模""质量"与"成本"三个高校传统教学的向量分别映射到"引进与建设""应用与实践"及"管理与服务"三个层面,构建了我国高校 MOOC 创新扩散的路径体系,通过对现阶段体育课程的"线上线下混合式"教学模式以及学生学习状况的效果分析,构建适用于体育课程的 MOOC + SPOC 新型混合式教学模式,最后分析了"线上线下混合式"教学模式在健美操课程教学中的设计与实践。

编 者

2022 年 1 月

目 录

第一章 相关概念界定及理论基础 ... 1
- 第一节 相关概念界定 ... 1
- 第二节 线上线下教学模式开展的相关理论依据 ... 6
- 第三节 "线上线下混合式"教学模式运用的研究现状 ... 7

第二章 互联网开启教育变革的大门 ... 12
- 第一节 社会体系的变革对教育体系的冲击 ... 12
- 第二节 教育系统内的共融共荣共促 ... 14
- 第三节 互联网教育推动教育整体性的变革 ... 19
- 第四节 互联网教育产业为教育变革提供强大动力 ... 23

第三章 互联网环境下的课程和教学变革 ... 31
- 第一节 对课程新生态的重构 ... 31
- 第二节 智能化智慧型的教学方式 ... 35
- 第三节 多元评价和智慧管理变革 ... 41

第四章 高校 MOOC 创新扩散动因及路径 ... 51
- 第一节 MOOC 的创新特征及扩散价值 ... 51
- 第二节 高校 MOOC 创新扩散的路径选择 ... 64

第五章 基于 SPOC 的混合式学习模式构建 ... 78
- 第一节 混合学习的设计流程分析 ... 78
- 第二节 设计原则 ... 80
- 第三节 基于 SPOC 的混合式学习模式的构建 ... 81

第六章 MOOC + SPOC 新型混合式教学模式构建 ... 89
- 第一节 MOOC + SPOC 新型混合式教学模式知识互动支撑体系 ... 89
- 第二节 MOOC + SPOC 新型混合式教学模式知识互动改进策略 ... 104

第七章 基于 SPOC 的学校体育学课程教学设计与实施 ... 116
- 第一节 SPOC 在高校体育教学中应用的可行性分析 ... 116

第二节　SPOC 体育教学设计的背景分析 ································· 117
  第三节　SPOC 体育教学目标的制订 ··· 120
  第四节　SPOC 体育学习任务分析 ··· 121
  第五节　SPOC 体育教学策略 ·· 121
  第六节　SPOC 体育教学资源的开发和设计 ····························· 124
  第七节　SPOC 学习及教学活动顺序 ··· 126
  第八节　SPOC 体育教学评价 ·· 128
  第九节　SPOC 体育教学模式与传统体育教学模式的差异分析 ······· 129
第八章　"线上线下混合式"教学模式在健美操课程中的设计与实践 ······ 132
  第一节　健美操专项课"线上线下混合式"教学方案设计 ········· 132
  第二节　健美操课混合式教学的实践 ··· 137
结语 ·· 145

第一章 相关概念界定及理论基础

第一节 相关概念界定

一、学校体育学课程

（一）学校体育课程理念

学校体育是研究学校体育现象，揭示学校体育规律，解释学校体育基本原理和方法的学科。本学科是教育与体育科学交叉学科的产物，目前是我国学科体系中较年轻的学科，尚处于起步阶段。

（二）学校体育项目的性质

学校体育是一门研究和揭示学校体育基本规律的复杂应用学科，跨越体育文化与教育科学。本课程阐述了学校体育教学的基本原理和方法，对培养各级体育教师组织开展学校体育工作具有重要的借鉴意义。通过教学，学生掌握学校体育的基本理论、基础知识和基本技能，并能够将这些理论、知识和技能应用到学校体育中。

（三）学校体育课程教学目标

（1）使学生正确认识学校体育在教育和体育中的地位和作用，确定体育教师应具备的政治素质和专业素质，从根本上树立体育教师的职业思维和道德规范。

（2）使学生全面、系统地学习和掌握中小学体育、课外运动和竞赛的基本理论和方法，初步掌握学校体育管理的基本知识。

（3）以实践求理论，加强实践联系，培养学生运用理论指导学校体育工作的实践能力，提高学生独立思考和分析解决问题的能力。

（4）学校体育教学以课堂讲授为主，合理运用实践课、试点课等教学方式。课程侧重于学校体育的基本知识和学生必须具备的基本理论和应用知识的能力。学校体育特别是城市中小学体育教学改革，需要大力引进新成果和最新学术方法，不断改进教学内容、教学工具和教学方法。

（四）学校体育课程的内容

学校体育课程的主要内容如下：

（1）学校体育概论（主要包括国内外学校体育发展，学校体育的地位、作用和目的）。

（2）体育课程与体育（主要包括体育的过程、内容、方法、组织与管理，体育课程，备课和讲课，体育评价）。

（3）课外活动（主要包括课外体育活动及实施与管理、课外体育训练、课外体育比赛、体育规划）。

（4）学校体育管理（主要涉及体育教师、学校体育管理制度与法规、学校体育环境）。

（五）学校体育教学内容分析

2018年3月公布了教育部高等教育推进委员会编制的《全国普通高等学校本科学习质量标准》，其中提到"学校体育"课程是我国主要课程之一。体育教育：不仅有体育专业，还包括体育训练、社会体育、民族传统体育等。在学校体育课的传统教学过程中，知识的理论解释往往只与课程段的信息相结合，但有些段的内容并不适合单纯的理论解释，如体育课方法、课后体育等。这些内容比较适合通过实践、教学观察等学习方法来掌握和理解。今天，大多数高校仍然使用这一种教学方法。

《论学校体育教育及其发展趋势》一文对学校体育教育的发展进行了初步探讨。《北京体育大学30年学校体育教育论文研究》一书讲述了北京体育大学最近30年发表的学校体育教育论文的特点，研究的形成与发展规律。《中国高校基础学科课程开发与教学现状研究》一书讲述了全国部分体育院校体育专业人才培养趋势、体育学院课程设置、分布情况等，以及教学材料、课程教学现状分析，如选课、教学方法等。

表1-1 体育类专业学校体育学课程性质调查

课程性质	体育教育专业（%）	运动训练（%）	社会体育指导与管理（%）	武术与民族传统体育（%）
必修课	93.75	56.25	31.25	37.50
限制性选修课	6.25	31.25	18.75	18.75
任意性选修课	0	12.50	50	43.75

根据数据调查，如表1-1所示，"体育学院"体育教育专业93.75%为必修课，可见该课在体育教育领域占有重要地位。其他三个专业也有不同程度的必修课，可见随着课程的进行，要培养综合素质，还需要培养学校的体育教学技能，以及根据自己的兴趣自主选择，同时兼顾专业人员的培训岗位。

幻灯片和板书，是"学校体育"课程最常用的教学方式，可见多媒体教学与传统教学相结合仍是当今课堂教学的主要方式。

学校体育课在课堂上经常采用教学法、习作练习法和小组讨论法，这反映了教学方法缺乏创新。

综上所述，学校体育课程在体育教学领域占有中心地位。必修课和选修课也适用于其他运动项目。大部分课程仍以理论教学为主，一些理论与实践相结合的教学方法使用得相对较少，互动在线教学的教学方法尚未系统介绍。

二、教学模式

其概念的国外定义得到布鲁斯·乔伊斯等人的高度认可。他们认为，教学模式可以理解为一种学习方式，其本质是创造多样化的学习环境，核心是行动计划或模式。

教学模式的内在定义大致可以分为三类：①方法论，即教学模式等同于教学方法；②结构论，即教学方法与教学模式分离；③程序论，即从主观能动性出发，遵循一定的理念。

结合文献中不同视角对教学模式概念的定义，在保证其完整性以实现异质同质化的前提下，对教学模式的定义如下：

教学模式是以特定的教学理论或教学理念为基础，具有充分反映教学理论和教学实践中一切组织活动的教学制度，主要涵盖理论基础、教学目标、实施条件、实施程序、评价反馈等科学、精细、系统的组成部分。

三、线上线下混合式学习

混合式学习显然不是一种全新的教学方法。但由于内涵非常广泛，国内外学术界尚未对混合式学习做出统一、权威的定义。尽管如此，在回顾了大部分文献之后，我们可以大致将混合式学习分为两大类：狭义和广义。狭义的混合式学习通常是指同时包含线上和线下教学方式的学习环境；广义的混合式学习是信息时代传统教学与数字化教学的自然结合。在混合训练环境中，它是不同教学、学习和教学理念的混合体。本书讨论的混合式学习是广义的混合式学习。

印第安纳大学教授曾在《混合学习手册》中将混合式学习描述为面对面和基于计算机的学习的结合，因为他认为混合式学习是在信息技术和网络技术的出现之后逐渐成形的，这是它区别于其他教学方式的关键。混合式教学中"混合"的内涵虽然很宽泛，但如果概念包罗万象，作为一个单独的概念就失去了意义，所以定义必须足够简洁。

相关研究人员对混合式学习的定义基于四个方面：网络技术的结合、教学方法的协调、面授课堂教学技术的结合、教学技术与实际教学情境的结合。他认为，无论采用何种教学方法，只要涵盖上述四点中的一项或多项，就可以称为混合式教学。

有的研究人员认为，混合式学习是以教师主导和学生主体性为前提，融合在线教学和传统教学的优势，转变教学，取得更好的成果。

还有的研究人员认为，B-learning 是以 E-learning 为基础，是 F2F（面对面教学）和在线教学模式的混合，主要体现在教学环境和教学理念的混合。

更有一部分研究人员将混合式学习翻译为"整合学习"，认为混合式学习是对教与学过程中创造的所有要素进行选择性整合，以实现教学目标。

综上所述，基于国内外众多研究人员对混合式学习的研究，本书对混合式学习的定义如下：

混合式学习是基于教师主导和学生主体性的原则，将网络教育和体育教育在课堂上的优势有机地结合起来。

混合式学习理念是指在混合式教学的建设、设计和发展中，要严格遵循教师主导和学生主体性的原则，教师需要意识到支持他们的混合式学习活动，然后追求严谨细致的课程，同时考虑到高校混合式教学的特殊性和学校目前的教学情况，及时基于 MOOC + SPOC 混合式学习不断提高教学效率的灵活方式。

四、MOOC

MOOC 一词由 Dave Cormier 和 Bryan Alexander 在 2008 年首次提出。目前国际上对这个术语的定义还是比较统一的，MOOC 代表 Massive Open Online Course，是 Massive Open Online Course 的缩写。M（Massive）表示参与人数巨大，即参与人数可达数万甚至更多。O（Open）表示没有访问条件，即课程资源对全球开放，不分性别、年龄、身份等因素，只要你注册邮箱，就可以免费学习。而 O（Online）意味着网络是一种载体，即学习资源的充分传播和参与者之间的信息交流依赖于网络。C（Course）表示 MOOC 的本质是课程。在对 M、O、O、C 四个词进行分解和解读之后，MOOC 被重新排列和定义，即 MOOC 是一种参与者数量庞大、无准入条件、以网络为载体的课程体系。

由于 MOOC 的运行需要以支持大规模注册的平台为载体，技术要求较高，一所高校难以独立完成，因此在开展高校体育混合式教学的 MOOC 环节，可借助国际上较为成熟的 MOOC 平台，如中国高校 MOOC、学堂在线等平台，并根据实际教学需求合理挑选教材、严密设计教学。

五、SPOC

　　SPOC（Small Private Online Course）一词是由美国加州大学伯克利分校的福克斯（Armando Fox）教授提出的。国内外学者普遍认为 SPOC 是对应 MOOC 的大规模开放型而存在的小规模限制型网络课程。通过分析国内外案例及研究发现，SPOC 在应用中主要存在两种开展形式。第一种以追求高成就的价值观为导向，面向全球执行 S（Small）和 P（Private）准则，对学生设置准入条件，只有达到要求者才可获得进入 SPOC 学习的机会，将 SPOC 内的学生严格控制在几十到几百人之间（通常是 500 人）。第二种则是各高校为了更好地配合实体课堂教学而采取的灵活之策，一般以一所或几所高校为单位，受众是本校师生，本研究中所指的 SPOC 正是此类。无论是哪类开展形式，都证明了 SPOC 是一种参与者较少、有准入条件、有针对性、以网络为载体的课程体系。

　　SPOC 作为一种相对 MOOC 来说规模更小、受众更少的网络课程体系，在技术层次上完全可以依托校内网站或小型网络资源平台对学生实行量身定制式的教学管理，有针对性地在高校体育混合式教学 SPOC 环节中引导学生学习。

　　综上所述，在开展高校体育混合式教学活动时，基于 MOOC 和 SPOC 两种网络课程体系进行 MOOC + SPOC 的灵活结合，不但可以增强高校体育网络教学的约束力，还可以为师生开辟享受世界各地海量学习资源与信息的途径，降低高校体育混合式教学成本，激发学生的学习活力与教师的授课热情，进而提高教学效率。结合概念界定，基于 MOOC 与 SPOC 的对应关系将二者进行对比分析，具体如表 1-2 所示。

表 1-2　MOOC 与 SPOC 对比分析表

对比项	MOOC	SPOC
全称	大规模开放型网络课程	小规模限制型网络课程
准入条件	无	有
受众	所有选课者	达到要求的申请者
参与人数	无上限	几十到几百
出勤率	较低	较高
完成率	较低，约 5%	较高，近 100%
费用	免费	收费
教学环境	线上	线上/线上 + 线下
技术要求	高	低
	必须支持大规模注册	本校平台或借助其他 SPOC 平台
评价方式	形成性评价	过程性评价

第二节　线上线下教学模式开展的相关理论依据

一、建构主义学习理论

建构主义（constructivism）也被译为结构主义，建构主义学习理论则是建构主义在长期不断地发展中与学习理论的有机结合。

自18世纪拿破仑时代起，涌现出了一大批学者积极结合不同学科领域对建构主义进行深入研究，其中在以学习理论为核心的领域取得成果最为突出的是杜威（John Dewey）、皮亚杰（Jean Piaget）、维果茨基（Lev Vygotsky）。三位建构主义者虽从不同角度出发，所使用的术语也各不相同，但都遵循建构主义的知识观、建构主义的学习活动观、建构主义的学生观，因此都被称作建构主义。

《建构主义学习观要义》一文，主要从心理学中的"外部输入—内部生成""个体—社会"两个维度出发，分析六种不同倾向建构主义衍生出的建构主义学习理论的主要分歧。其中，行为主义、信息加工的建构主义、社会文化认知的观点、社会性建构主义、激进建构主义、社会性建构论、控制论观点分别对应序号①～⑦，具体如图1-1所示。

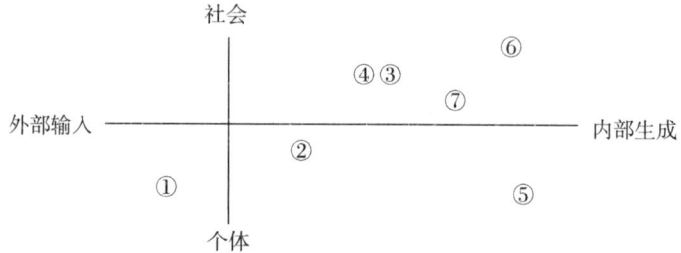

图1-1　六种建构主义学习理论的主要分歧分析图

相关学者在对基于建构主义的支架式教学、抛锚式教学、随机进入教学三种教学模式进行研究之后，指出建构主义学习理论的教学设计原则应强调以学生为中心，强调"情境"对意义建构的重要作用，强调"协作学习"对意义建构的关键作用，强调对学习环境（而非教学环境）的设计并利用各种信息资源来支持"学"（而非支持"教"），强调学习过程的最终目的是完成意义建构（而非完成教学目标）。

从哲学角度来讲，建构主义学习理论是行为主义向认知主义发展的必然产物，因此，有多少建构主义者就有多少种建构主义学习理论。这些研究角度不同、所用术语不同的理论之所以都属于建构主义学习理论，是因为存在共性，即可建构性。首先，建构主义学习理论认为学习应发生在学习者个体内部，学习行为应是学习者主动建构的过程，即学生应具有主体性，且这一性质不是外界赋予，而是学生本身就天然存在的。其次，教师在学习行为中应起主导作用，即情境的意义建构应是创设以学生为中心的学习环境而非教学环境。最后，建构主义学习理论至少应包括情境、协作、会话、意义建构这四大要素。

基于 MOOC＋SPOC 的高校体育混合式教学模式严格以建构主义学习理论为准则，遵循学生主体性和教师主导性原则。其模式建构与运行、教学设计与实施、信息评价与反馈等均以学生为中心，旨在激发学生主观能动性，创设高校体育学习环境，符合情境的可建构性，故建构主义学习理论可为基于 MOOC＋SPOC 的高校体育混合式教学模式研究提供理论指导。

二、网络环境下的群体学习理论

群体学习是指人们彼此之间为了一定的共同目的，以一定的方式结合在一起，相互作用，共同促进的学习方式。网络环境下的群体学习，通俗地说，就是在互联网发展的大背景下，充分利用团队学习的优势，形成一种新的开放式的学习形式。美国著名心理学家罗杰斯指出，群体学习并没有放之四海而皆准的学习模式，学员在轻松自由的学习环境中探讨知识，能够提高学习效率，勇敢地表达自我，也能够对知识有更深刻的认识。而直播教育课堂则不同，教师和学生处在不同的地方，借助于发达的互联网技术建立起联系，这也是群体学习的一种。

第三节 "线上线下混合式"教学模式运用的研究现状

一、国外混合式教学的研究现状

国外学者对混合式教学模式理论基础、内容和形式、要素和影响因素等方面进行了理论研究，对混合式教学模式的应用模式方面进行了实践研究，研究成果可总结归纳如下：

在探索混合式教学模式的理论基础方面，英国 Philip Barker 教授在赫特福德大学混合式学习第一届会议上提出："建构主义、认知主义和绩效支持的有机整合是混合式教学的理论基础"。

在探索混合式教学模式的内容和形式方面，国外有关学者认为："混合式学习包括传统学习方式和网络学习的混合、离线学习和在线学习的混合、自定步调的学习和实时协作学习的混合、结构化和非结构化学习的混合、现成内容与定制内容的混合、工作和学习的混合。还认为混合式学习的形式包括同步物理（教室）形式、同步在线形式和自定步调的异步形式"。

在混合式教学模式的要素和影响因素方面，有关学者认为："混合式学习有五个要素：实时事件、自定步调的学习、协作、评价和绩效支持材料；混合式学习包括八个影响因素：教学机构、教学要素、教学技术、学习界面设计、评估、管理、有意义学习环境的支持和伦理因素；混合式学习的关键因素是在适当的时间、适当的地点，使用适当的混合方式为适当的学习者实施教学，也就是要考虑学习地点、信息传输技术、时间的安排、教学策略等"。

在混合式教学的应用模式方面，印度学者提出："混合式学习包括技能驱动型模式、态度驱动型模式和能力驱动型模式"。美国学者提出关于混合式学习的四段模式：基于web的传输、面对面加工、形成一定的产品、协作扩展学习。

混合式教学模式被广泛地应用于国外企业培训中，并且取得了显著的效果。在教学方面，国外的混合式教学模式也发挥了很大的作用。许多国家为促进网络教学的发展投入了大量的人力和物力。在美国，有将近3000多所公立与私立大学建立了正式的网站，95%的学校建立了无线网络，并为学生提供在线网络课程的注册，让学生能够在学校网页上获得在线网络课程、网上杂志以及课程参考资料等各种网络服务。并且有400余所大学和学院在学校网站上提供远程学习，学习的课程基本覆盖了大学所有专业学科。在英国，网络教学也开展得较早，很多英国大学对开拓中国的教育市场有很高的积极性。

国外的混合式教学平台无论在发展还是共享的推广上，其时间上都远远早于国内，因此借鉴国外的混合式教学模式是十分迫切的。笔者通过对有关国外混合式教学模式文献资料的收集、整理和分析，了解国外在混合式教学模式研究方面的优势和先进理念，希望这些先进理念能对国内混合式教学模式的建设起到一定的启示作用，并将这些先进理念运用到实际建设工作中去。

二、国内混合式教学的研究现状

国内学者对混合式教学的模式概念、分析角度、分类等方面进行了理论研究，对混合式教学模式的过程的设计方面也进行了理论研究，研究成果总结归纳如下：

混合式学习是一个新概念，但是它的思想和理念却是由来已久的。有关学者把混合式学习定义为传统学习和网络学习两者优势的结合。他认为基于混合式学习的教学模式也应与以往不同，教学过程中既应充分发挥教师的主导作用，又应尊重学生的主体地位，他认为这种教学模式更适合我国的教育思想，因此，他提出了"主导—主体"教学模式，并且根据这一理论设计出了混合式教学模式的教学系统设计图。

还有学者认为混合式学习之所以频繁地被企业和高校使用，是因为人们对网络学习进行了反思。"混合式教学模式不是网络教学和面对面教学的简单相加，而是涉及了不同媒体的混合、不同传输通道的混合、不同教学环境（课堂教学与网上学习）的混合，更应包括不同教学理论（行为主义、认知主义、建构主义）的教学模式混合、教师主导活动和学生主体参与的混合、课堂讲授与虚拟教室或虚拟社区的混合等。他认为混合式学习的本质是最优化信息传递通道的选择。"

更有学者从混合的角度、结构、关系以及混合的复杂程度这四个方面将混合式学习分为四个层次：组合的混合式学习、整合的混合式学习、协作的混合式学习和扩展的混合式学习。

国内的混合式教学模式也被普遍应用于企业培训和高校教学两个领域。它不仅能够帮助企业更加高效地培养企业所需的人才，而且有助于调动高校学生的学习动机，提升教师的教学效率。

网络教学平台是为高校网络教学提供支持的软件系统，它的出现是互联网和信息技术发展的必然选择。

混合式教学模式需要凭借网络教学平台完成教学。目前，全球网络教学平台主要分为以下四类：第一类是国外的商业化平台。它们一般开发和使用的费用较高，但是能为用户提供很好的服务，平台性能较好。第二类是国内的商业化平台。国内的网络教学平台更适合我国的教学需要，比较符合我国高等教育的实际教学和管理现状。第三类是各高校根据本校师生和教学的需求自主研发的、仅在本校范围内开放和使用的网络教学平台。这类教学平台针对高校自身的特点和需求开发，所耗费的人力物力不高，但是可能会在兼容性和适应性方面不如前两类平台。第四类是开源软件。由于这些软件是开源代码，用户可以根据自身情况对这类软件源代码进行部分改造来满足自己的教学或学习需要，因此这类平台也有很多。

目前，我国高校主要使用五个网络教学平台：blackboard、清华在线、天空教室、4A 网络教学平台和网梯网络教学平台。

我国高校网络教学平台的使用范围较广，但是，我国目前对高校网络教学平台中混合式教学模式的研究却不尽如人意。笔者以"高校网络教学平台"与"混合式教学模式"为主题检索词，以 2008 年—2014 年 3 月为检索年限，在中国知网、维普资讯网和万方数据库中检索包括硕、博士学位论文、重要会议论文、学术期刊等多种类型的文献资料。检索发现，我国研究者们比较关注高校网络教学平台和混合式教学模式，在这两方面的研究成果较多，但对于二者的综合研究需要更多学者进行更加深入的探索和研究。

以上文献是专家学者们对混合式教学模式应用的理论及实践研究现状，总的来说，混合式教学模式的研究方面可以总结为以下几点：

（1）国外学者关于混合式教学模式的理论基础、内容和形式、要素和影响因素等方面的理论研究和应用模式方面的实践研究。

（2）国内学者对混合式教学模式概念、分析角度、分类和过程模式的设计方面进行了理论研究。

（3）高校教学是混合式教学模式的重要实践领域，高校混合式教学模式的实施离不开高校网络教学平台，以上学者的研究侧重于理论研究，对高校网络教学平台中混合式教学模式的实践应用研究是需要补充和跟进的。

三、"线上线下混合式"教学模式运用于高校教学领域研究现状

《信息化环境下高校混合教学模式的实践探索》一文提出：混合式教学就是在数字化学习（E-Learning）和传统教学模式二者相结合的基础上，充分发挥其优势，提高学生学习质量；在教学方式、教学理念、交互学习和教学评价、学习形式等方面做了初步的探索研究，并得出在操作技能和综合能力培养方面所呈现出的效果是非常显著的。

《高校混合教学下的线上学习路径挖掘和对教学改革的启示——以某高校〈生物化学〉课程为例》一文提出：在教学过程中，对于学生的自主性、师生互动方面以及课程的回顾部分都比较熟练，基于各大网络教学平台的不断出现，学生可以自主浏览并学习所需要的知识；同时，师生间的互动也更加便利有效，对于学生上课的基本情况也能一目了然。

《国内外混合教学研究现状述评——基于混合教学分析框架》一文提出：混合式教学模式在经过岁月的洗礼后，被学术研究者、教学实践者以及政府机构和教育团队所认可，被称为教育新常态。

《混合教学模式在新闻传播学教学中的应用》一文提出：全媒体时代下，衍生出全新的信息生产方式和生态传播途径，信息技术与人才培养不相符，无法满足当前社会的需求，为此，"线上线下混合式"教学模式正在努力填补这一缺失，成为教育改革的新亮点。

《高校思想政治课"混合"教学模式探索》一文指出：高校在慕课（MOOC）的刺激下出现了混合式教学模式，该模式优化了课程共享资源，促成现代信息技术与高校思政课的有效融合，同时要处理好两者之间协调发展的深层次矛盾。在教学设计、教学内容、教学目标和教学重难点等方面的协调一致。教学设计以学生的实际想法和认知水平为出发点，围绕课程教学目标，突出教学重点、突破教学难点，衔接好线上和线下的教学内容，线上教学要讲深、讲透、讲细，线下教学要设计好研讨的理论问题以及时事热点并阐述自己的观点，进而在线上教学和线下课堂教学的配合度更好。

《基于MOOC的混合教学促进高校生高阶学习研究》一文提出：在MOOC支持下的混合课堂教学充分利用其慕课资源，教师首先明确教学主题，其次筛选优质可用的课程资源，让学生更好地理解、更直观、高效地教与学，逐渐将"线上线下混合式"教学模式的优势体现出来，全面理解教学任务，找准教学重难点。基于MOOC支持下的混合式教学对于学生的深层次学习有重要的应用价值，教师如何选择并引导学生融会贯通，这是教育工作者今后的主要方向。作者还提到以MOOC为基础的课堂教学有四个基本特征，分别是教学资源、线上线下混合的教学影像、不同教学情景发布不同的教学任务、教学设计的重新

建构以及面向学科知识的完整性过程。

《网络环境下的混合教学——一种新的教学模式》一文提出：随着网络信息技术的快速发展，在线学习已经成为主流，具有丰富的多媒体资源、便利的交流形式、多样的互动情景等多重优势。

综上所述，我国学者从不同角度出发，对课程教学模式、教学开展和普及的情况进行分析研究，认为虽然混合式教学模式是我国一直提倡和发展的，但是在高校整体推进混合式教学的进程方面还是有待提高。同时，在"线上线下混合式"教学模式进入不同学科课堂教学中的实验研究，均产生了较为显著的教学效果，说明该教学模式是可行的。在该教学模式的教学氛围下，努力让学生体会学习愉悦感，促进知识结构体系的快速建立，提升学生的深层次学习。

四、"线上线下混合式"教学模式运用于高校体育教学领域研究现状

《基于Mini—MOOC的线上线下混合教学模式在高校体育教学中的应用》一文指出：以前线上课堂和线下实体课堂的教学很难有效地衔接与融合，慢慢地，也出现了一些问题。现如今，基于Mini—MOOC平台的"线上线下混合式"教学模式的介入，借助网络教学平台，实现了线上指导与线下实体课堂相结合的课内外一体化教学，符合体育课堂教学的基本规律，教学形式灵活多变，不再局限于单一的教学模式，同时最大限度地优化了课堂教学结构，丰富了教学方法、教学手段，提高了教学质量，完成了对应的课程目标，提升了学生的契合性。

《混合学习在高校公共体育篮球普修课中的实证研究》一文提出：教育部在2018年出台了《教育信息化2.0行动计划》，至此，我国移动互联网平台大量普及，也揭示了中国教育信息化建设进入新篇章。将互联网信息化终端融入高校体育课教学领域，信息化技术大量普及，随之而来的是混合式教学，以前单一的教学模式部分模块已经不能满足现代学生的学习需求。例如，翻转课堂教学模式、互联网+技术和MOOC等教学新模式引起我国教育界的广泛关注与研究。混合式教学模式更加注重学生的应变能力，在多种情境下学生学习的自控能力运用恰当，则更容易理解和吸收所学到的知识。

《混合教学在体育院校游泳课中的教学效果的评价研究》一文阐述了：在运用混合式教学的过程中，学生对于游泳技能的掌握速度明显提高，对学生运动兴趣以及主动学习动机都有大幅度的改变，以前传统的课堂教学形式没有充分考虑到学生的情况，学生长期处于被动接受状态，缺少创造性与个性化的发展。

综上所述，国内在"线上线下混合式"教学模式应用于高校体育教学领域的研究，应用面积比较单一，主要针对篮球、排球以及游泳等运动项目，有些研究是针对某一个目标，还未形成完整的、行之有效的教学模式。

第二章 互联网开启教育变革的大门

作为教育信息化现阶段主要形态的互联网教育,如何在社会和历史的大变革中推动教育的变革?要回答这一问题,首先要把视野转向当今世界正处在以互联网信息技术为代表的先进生产工具大变革的时代。信息技术推动了社会历史变迁,使我们从工业文明进入信息时代,信息社会对个性化人才和创新型人才的需求呼唤教育的变革;信息化的社会环境改变了教育教学所处的外部生态环境,使教育教学系统与整个社会大系统之间的相互关系发生了变化。互联网带来的不仅是一场技术的变革,更是一场文明的洗礼。互联网将全世界的智慧和知识联结,实现了人类历史上前所未有的资源整合,开启了教育变革的大门。

第一节 社会体系的变革对教育体系的冲击

一、生产力的发展引发社会体系的变革

我们知道,任何一个社会的发展和变化都是从生产资料的改进和变化开始的,生产资料的巨大变化必然导致生产力的大发展。当今世界正在经历一个生产资料发生重大变化的时代。生产力包括科学技术,它是智能生产力的集中体现,是生产力的关键标志和核心。互联网信息时代的到来,已经渗透和影响着我们生活的方方面面,对我们的生活状态产生了深远的影响,改变着我们的生产方式、生活方式、交流方式等外在行为,甚至改变着我们最隐秘的思维,就像空气、阳光和水一样,它已成为我们生活中必不可少的元素。互联网的本质是超越时间和空间的界限,对人们的生活方式和生产方式产生巨大影响,大大提高效率,降低成本。然而,互联网更大的变化和深远的影响,不仅源于此,还源于思维方式的变化,这是一种新的思维方式。

二、社会人才需求需要教育改革

第一，现代社会，人才已成为国家竞争的核心。各类高层次人才已成为全球重要资源和各国竞争力的象征，社会发展的前提是拥有各类创新人才和终身学习人才。首先，信息（知识）社会需要个性化的人才，在传统的第一次工业革命和第二次工业革命期间，以"规模化、多元化、标准化"为特征的生产方式将发生破坏性变化。使用"定制化和网络化生产"的家庭工厂将取代大型工厂。这种新型的数字化生产和发展模式，需要许多适应信息时代的高素质人才。从第一次教育改革开始，教育从个体化转向大众化，再到规模化、科学化改进，其本质是课堂教学体系。20世纪下半叶，这种规模化办学的种种短板开始显现，尤其是在受到第三次工业革命影响的今天，需要适应新形势发展的教育。我们要走第一次教育改革"个性化"的道路，这需要教育的新"革命"。

第二，信息（知识）社会需要创新人才。在线教育更容易融入创新人才的培养。相比之下，当前教育改革面临诸多挑战，但最突出的还是人才培养问题。顺应信息时代，培养一大批高素质的劳动者和创新人才，还有很多工作要做。信息技术带来的变革将对人类社会产生全面的影响，而这种影响也将集中在如何培养信息时代所需的创新人才方面。

第三，信息（知识）社会对教育的需求。现行的教育体系无法满足人们在灵活多样、高质量、终身学习信息（知识）时代的需求。互联网对教育理念和教育模式产生重大影响，不仅为传统教育提供了前所未有的机遇，也提出了前所未有的挑战；不仅是互联网信息技术驱动和催生教育改革创新，互联网信息化也是如此。

三、教育体制改革的内外驱动力

回顾历史，互联网只是一个新生事物；从现实看，互联网已成为新引擎；展望未来，互联网必将带来新希望。互联网为人类发展和教育发展提供了新的机遇。

教育体制改革的外部驱动力。在以互联网信息技术为代表的先进生产工具时代，现代世界正在发生重大变革，生产力的发展正在导致生产关系的变化。教育是劳资关系的重要组成部分，每一次时代的变迁都会对教育产生重大影响。以互联网为代表的信息技术引领社会历史变革，从工业文明进入信息时代，改变了教育培训存在的外部生态环境，形成了教育培训体系与整个社会的纽带系统多样性。一方面，社会历史变迁对教育培训改革提出了新要求；另一方面，科技进步为教育培训改革提供了新的工具。这两个方面并存，构成教育培训改革的外部驱动力。

教育体制变革的内在驱动力。互联网和大数据在教育培训体系中的传播，重新连接了教育培训体系的各个要素。互联网时代的新技术带来了教学观念的改变、教学过程的转变、教学空间的重构、教师角色的转变和教学体制的创新。在线教育不仅改变了教育培训体系的结构,而且改变了教育培训体系的流程和行为,不断提高效率,提高复杂性,不断拓展时空场景,因此教育和培训得到了重生。新技术在教育培训体系中的扩散是教育体系改革的内在驱动力。

第二节 教育系统内的共融共荣共促

在了解社会制度变革对教育体系产生的影响后,将镜头转向教育体系,可以感受到教育体系正在发生变化:在线教育促进国民教育与终身学习的融合,加强教育培训,促进教育平等,提高教育质量。

一、互联网技术创新呼唤教育体制改革

当前,人类社会已进入信息(知识)社会,互联网信息技术的飞速发展导致社会和产业结构发生巨大变化。社会的发展与个人、多样化和创新人才之间的关系越来越密切。教育目标、教师角色、学习环境、学习内容和学习方法已经或正在发生重大变化,教育体制改革的呼声也越来越强烈。

信息社会是一个虚实交融的世界,也是一个逐渐走向智能化、互联互通的世界,互联网将世界各地的资源汇集、整合到一个平台上,这些资源是开放的、共享的、免费的。特别是从2010年开始,"云课程""MOOC""移动学习""泛在学习""翻转课堂"等新型教育形式一出现便迅速席卷全球,引发互联网教育变革。在互联网时代,教育完全不同于流水线的统一教育,个性化、虚拟现实、社区学习、分散式协作学习、智慧教学等教学方式深入人心,"一人一课""学校无教室"等教育形式不断涌现。

互联网技术的创新正迫使教育超越传统工业化教育的功能,高校要克服学习时间、学习空间、学习内容和师资资源的限制,满足学习者的不同需求,更好地迎接未来的社会挑战。大数据、人工智能、移动互联网、云计算等新技术让世界各地的学校可以便捷地共享资源,打破不同学校、不同学科的界限,极大地增加了教育的空间和机会。时代的变迁和互联网技术的创新,迫使教育不得不面对和思考如何根据学生的个体学习水平、个性、兴趣、特长等更好地实施个性化教育。与此同时,在线教育对教师提出了更高的要求——教师不仅需要有更积极的态度、更创新的理念,更需要将更全面的技能融入教学。

互联网技术在教育中的创新轨迹。作为一种新奇事物,互联网在教育领域的应用可以分为四个阶段:一是一种技术的应用期,表现为技术与技术的关系。这主要体现在最初缺乏对互联网等新技术的整合,如教育工具在互联网与教育中的应用。二是技术全面融合的时期,很大程度上体现了平台与平台之间的联系。平台互联互通有助于加强资源整合。三

是用户连接期,主要体现在师生对不同教育培训平台的使用上。四是群体出现时期,它反映了教师与教师、教师与学生、学生与学生之间的关系,甚至从更广泛的角度来看,是人与人之间的关系。例如,学习互联网以智能感知和即时交互为纽带,将学习环境、教师和学习者紧密联系起来,使物与物、人与人、人与物紧密相连。整个教育互联网是一个教育生态系统,系统环境中的人和物相互依存,呈现出自组织的重要特征。从上述四个阶段来看,E-learning、PPT课程大纲等是工具和技术层面的变化,是一个技术应用的时期;"三通两平台"、在线课程等是一个全面技术整合的时期;MOOC、倒排班等培训制度改革和消费者加入期;教育互联网在未来教育中的引入,将进入群体兴起期,了解互联网教育生态的形成。在线教育还在不断发展,一切都取决于时间的积累。

二、国民教育与终身学习相结合

国民教育体系主要包括义务教育、基础教育、高等教育、职业教育和成人教育。终身学习是面向社会全体成员的综合性终身教育体系。一般而言,终身学习市场分为五个板块:学前教育、基础教育、高等教育、企业培训和继续教育。针对不同的学习对象,只有在线教育才能充分满足学习者的学习需求,并且根据不同学习者的特点和学习需求,提供个性化的学习解决方案。互联网教育促进国民教育与终身学习的融合,主要基于以下几点:

在线教育为教育融合搭建了"时空之桥"。与国民教育体系相比,在此基础上,终身学习体系在时间和空间上延伸,包括家庭教育、学前教育、九年义务教育、中等教育、高等教育、社区教育和社会教育。教学、爱好教育和其他方面的教育——从幼儿、青春期到成年和老年——贯穿一个人的一生。①在线学习可以创造一个无处不在的学习环境。学生不受学校规模、年龄或地点的限制。只要他们想学习,只要有一台连接互联网的普通电脑,就可以获得他们想要拥有的知识。②我想学习。在线教育为"无处不在的学习"创造了新的时间和空间,任何人、任何时间、任何地点都可以学习任何知识。

互联网教育融汇了教学方式的"共通之桥"。在互联网教育中,可以采用混合多种学习模式的最优化学习方式。新技术背景下的互联网教育,为学习者提供了可选择的、多样的学习模式,使得个性化学习成为可能,人类孜孜以求的因材施教理想获得实现。"微课程"、数字化学校、数字化教师、教室和数字化课程、翻转式课堂、游戏化学习、互动式新型媒体技术以及云平台、云计算、云教育等全新教育模式的出现,预示着互联网教育将实现教育从教学内容到教育方式的全方位转变。新技术为信息时代的学习也提供了带交互的直接教学的手段,使用流媒体和视频会议系统,教师可以把课堂教学搬到网络上。利用协同学习系统,学习者还可以通过网络提供的交流通信手段进行跨越地域的协作学习,而这些在传统教学中是无法想象的。互联网教育的教学方式比较灵活。互联网教学由教师控制方式(Faculty control Style)向学生控制方式(Student control Style)转变。此外,也可以用Blearning（混合式学习）和 Flexible Learning（灵活学习）来描述互联网教育背景下多种学习模式并行的状态。互联网教育形成了开放式立体化的学习框架。互联网教育为学习者提供了全天候的学习环境，打破了权威对知识的垄断，人人都能够获取知识、使用知识、创造知识、分享知识，这也为终身学习的学习型社会建设奠定了坚实的基础。

互联网教育搭建国民教育与终身学习教育体系的"立交桥"，如建立终身学习学分银行。学分银行为每个人建立个人学分账号，学习者通过选修互联网教育课程得到学校的学分，无论是国民教育的学分还是终身教育的学分，都可以存入个人的互联网教育学分银行。建立弹性学习制度，方便快捷地沟通和衔接学校教育与互联网教育及其他教育形式之间的学习成果。发挥互联网对各种形式的教育成果的认证、学习成果的转换与积累的积极作用。建立学分累计、互认和兑换制度。对学习者长时间、跨地域的学习进行持续的跟踪考核，评价记录，兑换成学分，有效积累。并通过互联网教育管理服务平台的互联互通实现各种教育形式下学习成果互认、学分互认、自由转移乃至随时兑换，将传统教育中的学历和文凭变为学历文凭与微学历、微文凭并行。

三、社会教育体系与学校教育体系的共荣

（一）互联网教育是学校教育有效的补充

学校教育体系主要包括学前教育和九年制义务教育、高中阶段教育、高等教育、职业教育与成人教育。教育不再完全局限于教室与学校，开始突破学校的围墙，只要有网络的地方，都可以成为教学场所和学习场所。互联网技术所提供的丰富的资源和交互手段，使技术在教学中不再只是呈现信息的媒体，也不仅仅是个别化教学中控制学习过程的工具，而是构成了一个可以开展自主学习、探索学习、协作学习的环境。互联网教育正在或已经成为学校教育的有机组成部分。

互联网教育同时也是学校教育有效的补充。无论是学前教育还是中小学、高校，借助互联网对教育的支持，可以有效补充学校教育在时间和空间上的局限。首先，大规模的网络在线课程（慕课）就对学校教育形成有效的补充，打破了学校教育中对学习时间和学习空间的限制，有效地克服了学习者学习时间、学习方式、学习身份的限制，为全体社会成员提供了均等的受教育机会。其次，互联网尤其是移动互联网的发展促进了教学方式方法的变革，使教育从以教师为中心向以学生为中心、以课堂为主向互联网学习进行转变成为可能。如可汗学院、翻转课堂、游戏化教学等新技术和新教育方式的出现，要求教育向分散化和协作化发展，颠覆了传统的班级授课制。

（二）社会教育历来就是互联网教育的重要实践领域

社会教育的对象除了在校学生以外，还包括社会中的其他受教育对象，社会教育和学

校教育只是教育整体中的两种教育形态。社会教育的目的在于提高社会的协作，提高劳动者社会的融入，加强对劳动者社会道德的培养。社会学习主要是学会做人和学会做事共存。学习不应只是个人的事情，除了学校的学习，每个人都要参与到社会学习中来，作为一种社会经验，需要与他人共同学习，以及通过参与社会活动，在社会规范中学习。

除了家庭教育和学校教育之外，社会教育也是教育非常重要的一部分。学校教育只是每个人一辈子学习中的一个阶段，社会教育则贯穿人的一生。与社会教育相应的社会学习贯穿于人们的工作和日常生活之中，是更能获取知识与方法、更能解决实际问题、更有实际作用的学习。互联网信息技术的日新月异要求社会教育体系与学校教育体系同步发展。在信息（知识）时代，知识更新不断加快，单纯的学校教育已经不能满足人们对知识的需求。人们面临学习和工作的双重压力，"工学矛盾"日益突出。随着互联网教育的不断发展，越来越多的学习者选择在工作之余通过互联网在线学习来继续学习，提升自身适应社会发展和需求的能力。

此外，社会上不同身份、不同地位、不同知识水平的人都可以平等地享受互联网教育。社会教育正是在互联网教育的支撑下，在互联网信息技术的支撑下，突破了时间和空间的限制，实现全方位、全覆盖、多层次的社会教育，也使社会教育成为互联网教育的重要实践领域。

（三）互联网教育产业促进社会教育体系与学校教育体系的融合

互联网教育产业也为社会教育和学校教育架起了沟通的桥梁。面对科学技术日新月异的发展，学习显得越来越重要。虽然学习者从学校毕业之后还有机会再接受学校教育，但是更多的学习机会还是走入社会后，依靠社会教育来完成。互联网教育产业的发展，为社会教育体系与学校教育体系的融合架起了桥梁。互联网教育产业的公司、企业开发的网络课程或教育教学服务，以社会教育的形态，对学校教育进行有效的补充。互联网时代，社会教育机构正在对学校教育机构起到一个融合互补的作用。互联网可以把全国最优秀的教育学师资和课程提供给全社会。

我国教育面临的最大的问题是创新人才，依靠现有的学校体系小修小补地改变现有的人才培养方式还是很有局限，互联网教育对创新人才的培养是一个很好的促进因素，而且是一个很好的参照体系，能够带来教育理念、观念和思维方式的变革。在互联网教育背景下，每个人都是教育的生产者，都可以传播知识与信息；每个人又都是教育的消费者，因为每个人都需要被教育。通过互联网教育，社会教育体系与学校教育体系融合与互补，社会教育对学校教育给予有力的支持。

四、教育公平与教育质量的共促

公平与质量是教育改革发展的两大重点。教育变革的关键是提高教育质量，促进教育公平。教育改革的关注焦点,集中在"推进教育公平"与"提高教育质量"两个方面。教育公平不仅仅关乎社会正义,还会极大地影响社会经济发展;教育机会平等或起点公平固然重要,但结果公平更是教育公平的要义,教育公平与教育质量相辅相成、不可割裂。

(一)"教育公平"应成为教育变革的"重中之重"和优先发展目标

在我国,区域之间、城乡之间、学校之间、班级之间、不同家庭背景群体之间,学生成绩差距仍然普遍存在,部分类型的差距甚至还在不断扩大。这些成绩差距的长期存在影响了教育公平,加剧了社会对教育的不满,还会引发新的社会问题和社会矛盾。从长远来看,成绩差距会严重影响国民素质开发,导致中国大量劳动力难以适应新的产业发展需求,无法迎接全球化挑战。因此,缩小学生之间的成绩差距,对促进教育公平、实现社会和谐、促进经济可持续发展具有重大的战略意义。

《国家中长期教育改革与发展规划纲要(2010—2020)》中强调:百年大计,教育为本;国运兴衰,系于教育;强国必强教,强国先强教。这反映了国家对教育战略地位的高度重视。我国作为人口众多的发展中国家,推进教育事业改革和发展是一个长期而艰巨的任务。在当前特定的历史时期,立足现实又要面向未来,教育公平应成为教育改革与发展的重中之重。教育公平是社会公平与正义的要求,而更公平的教育将成为经济发展的重要引擎和核心要素。教育公平应成为教育变革最重要、最优先的发展目标。

(二)互联网教育背景下的教育公平和教育质量

互联网教育打破了传统教育中学校和机构对教育的垄断,未来的教育不再局限于学校内,而是面向整个社会。从《国家中长期教育改革和发展规划纲要(2010—2020)》可以看出,国家明确了利用互联网等信息技术来推进教育公平,提高教育质量的发展方向。为更好地贯彻规划的思路,保障规划目标的实现,应进一步明确教育信息化建设的路线图,围绕当前及未来的核心目标,有重点、分步骤、按计划地开展教育信息化建设,推进以信息技术为核心的教育科技应用与普及,发挥教育科技促进教育创新与发展的巨大潜力。

从教育公平的角度出发,互联网教育是实现教育公平的有效途径和方式。在我国教育发展的现阶段,仍存在教育资源紧缺、分配不均衡、配置不合理的现象。政府认识到利用互联网教育来促进教育公平的重要作用,并采取了一系列举措。在中央财政投入中列出专项资金用于支持西部地区互联网教育扶贫工程,并且国家已投入巨额资金,加速西部地区高校校园网建设。互联网教育将全球优质的教学资源进行共享,打破了学校之间的隔墙。不同背景、不同学科、不同层次、不同需求的学生全部涌入这一巨型"大课堂",成为学习新时空中的同学。互联网教育的开放性和平等性,缩小了中国东西部地区之间,城市学校和边远地区、农村学校之间在教育上的差距,也拉近了全世界学习者之间的距离,可以说，实施互联网教育将持续有效地促进中国教育的公平。

从教育质量的角度出发，互联网教育在推动教育公平的过程中通过个性化、定制化的学习，提升普遍的教育质量和个体教育质量。互联网教育拥有"定制化"的特点，学习者可以根据自己的时间、需求、学习情况，定制符合个人要求的学习内容，这是对更高层次的教育公平的追求，也是实现教育质量的有效途径和方式。互联网教育还可以实现从以知识传授为主的教学方式向以提高创新能力、实现学习者全面自由发展为主的教学方式转变，转变学生的学习方式，支持学生有效学习，增强学生学习能力，促进学生高阶思维能力发展，全面提升教育质量。

我国当前教育发展的核心是教育公平与教育质量问题，作为教育信息化进程中的互联网教育，应该紧紧围绕核心目标来发展，通过不断推进教育公平，普遍提高学生的学业水平，缩小学生的成绩差距，有效挖掘人力资源潜力，并释放出促进国家经济发展的潜力。为了面对未来的挑战，满足未来社会对于教育的期望，兼顾教育公平与教育质量，应成为公共教育的基本价值取向。

第三节 互联网教育推动教育整体性的变革

教育系统内的变革从宏观的角度可以看到互联网教育促进了国民教育与终身教育的融合，打通了社会教育与学校教育，促进了教育公平，提高了教育质量。从微观的角度可以从教育事业的视角聚焦于互联网教育如何推动教育的整体性变革，其原因是互联网教育孕育了教育变革的基因，诠释了新的教学理念和方法，重构教和学的时间和空间，从而推动教育发生结构性的变化。

一、孕育教育变革的互联网基因

互联网基因，通俗地讲就是互联网最显著的特征。互联网是网状结构，不是层级结构，没有中心节点的互联网技术结构决定了它的内在精神，即去中心化、分布式、平等。有学者归纳了最能体现互联网特征的"基因"：互联网的显性基因是免费和开放，隐性基因是大数据和组织流程再造。而互联网教育恰好体现了其鲜明的互联网基因。

免费的基因。免费之所以是互联网的显性基因之一，是因为互联网企业都喜欢把免费作为占领市场的策略。同样，免费这个互联网显性基因也存在于互联网教育。目前，全球教育仍存在教育资源区域分配不均衡、配置不合理的现象。互联网教育免费的特征促进了教育的公平，能够实现全世界任何地方信息的实时交互和资源共享，为不同国家、民族和地区、不同水平、层次的学习者提供开放、共享和免费的教育资源。互联网教育正好为解决世界范围内的教育公平提供了思路和平台。

开放的基因。互联网的开放性也深深体现在互联网对教育的深远影响，尤其体现在教育资源的开放上。一方面，互联网让优质教育资源的作用和价值发挥到了最大，从服务几十名学生扩大到能服务几千名甚至数万名学生。另一方面，以慕课为代表的互联网在线课程面向全世界开放，全球优质的教学资源得到共享，世界一流高校突然之间变得没有围墙。世界上不同国家、民族、地区，不同水平、层次的学习者都可以成为同学，获取资源。这种开放性和平等性，拉近了全世界学习者之间的距离，互联网教育的出现成就了"地球课堂"时代。同样的课程，既可以选择在线学习，也可以选择线下学习，未来的教育可以实现不同地区、不同学校之间的学习平台的课程、学分互认。

大数据基因。大数据是一个抽象的概念，目前关于大数据统一的认识有四个基本特征：数据规模大、数据种类多、数据要求处理速度快以及数据价值密度低。在大数据背景下，互联网教育实现了规模化和个性化培养相结合。基于大数据的数据挖掘、数据分析和数据聚合技术是实现互联网教育背景下个性化学习的基础。如未来的学习，可以创建个人的"播放列表"。就如同我们在听音乐的时候，可以截取、混合最爱的音乐并将之列入音乐播放器一样，我们的课程也可以实现规模定制，创建个人的播放列表。可以不是指定的教科书上的内容，或者不以同样的顺序和步调进行，而是成千上万种不同的组合方式。学校根据大数据判断选择最适合教学的书籍，同一组学生仍然会使用相同的教材，但是教材可以进行个性化的处理。大规模定制的个人"播放列表"不仅仅是个性化的选择，还是个性化的播放效果反馈。在线的互联网课程学习使得学习者的使用状况和学习情况都能够实时记录在后台终端，随时掌控学习者的学习状况，跟踪学习者的学习生涯，进一步挖掘学习者的学习潜力，提出个性化的学习方案，再根据个性化的困难生成个性化的学习导图，为学习者提供个性化的学习资料和学习解决方案。

组织流程再造。互联网让组织化大为小、组织扁平化，因此，组织更加敏捷、灵活和柔性，强调同事与同事之间、上下级之间的沟通与协作。在此背景下，互联网教育呈现分散化和协作化。互联网教育背景下的分散式合作教学和翻转课堂都是教育的组织流程再造的体现。云教育、大数据、可汗学院、微课堂、微学分、微学位、游戏化教学等新技术和新教育方式的出现，要求教育向分散化和协作化发展，颠覆传统的班级授课制。分散合作教学的教学服务只是针对分散的学习者提供答疑解惑、教学支持和教学评价等个性化的学习服务，有利于发挥集体的智慧，兼具自主和集中的特点和优点。分散合作教学带来"群信息众筹（Crowd sourcing）"，学习者通过互联网提交的各种信息资源，获取多种想法、策略、服务的实践。由于该群体成员的多元化知识、经验、身份背景，人类的知识和智慧将会因为互联网而被无限放大和传播，并创造出令人惊讶的社会财富。

二、诠释新的教学理念和方法

互联网教育指向人的全面自由发展。改革具有整体性、综合性的鲜明特征。互联网教育与过去任何时代的教育都不一样。互联网教育不是我国在 1999 年开始试点的成人继续教育的网络教育,而是指广义的互联网时代的教育,是从大数据和流程再造的视角出发,通过"互联网技术"与"教育"的深度融合,有效实施教学和学习活动的教育,旨在实现以教育普及、质量提高、教育公平、教育终身性、教育服务性为核心特征的教育变革。互联网信息时代以创新型人才的新需求为导向,全面创新人才培养模式;以促进公平为重点,优化教育教学环境与资源的配置;以教育教学模式创新为核心,全面提升教育教学的质量;以能力为重,促进教师教学能力发展、学生学习方式转变与学习能力发展。互联网教育正好可以贯穿于上述所有方面,并实现相互之间的沟通、整合与集成,提高教育质量,促进人的全面发展,从而推动教育的整体性变革。

互联网教育同时也促进教学系统的结构性变革。互联网教育是"知识行业"业务模式的一种系统性变革和组织流程的重构,云教育、大数据、可汗学院、微课堂、微学分、微学位、游戏化教学等新技术和新教育方式的出现,要求教育向分散化和协作化发展,颠覆"传统"的班级授课制。近年来,引起世界高度关注的大规模开放式网络课程(MOOC)就是利用信息技术和网络平台推动教育教学改革的创新案例。从这些成功的案例可以看出,信息技术的快速发展和在教育发展与教学改革中的应用,正在改变着传统的教育观念,变革教育教学的方式方法,并由此开启和推动教育系统的整体性变革。

三、重构教和学的时间空间

互联网教育创造了"地球课堂"时代。同传统意义上的学校和教室不同,"地球课堂"将学生从封闭学习空间中解放出来,走向一个没有边界、没有时空限制的地球课堂中。学习和学校将没有必然的联系,学生可以自由地选择学校、课程和教师,从而推动以学校为中心向以学生为中心转变,实现学生本位主义。

互联网教育提供了"泛在"学习环境。移动互联网使所有学习者能随时、随地、随需开展学习,就意味着学习者不受学校规模的限制,不受年龄的限制,只要愿意学习,互联网教育都能满足你的需求。就意味着,你可以用大块的时间脱产学习,也可以用 10 分钟、20 分钟,甚至在喝一杯咖啡的时间内学习。只要你有兴趣,就能学到你想学的知识;"任何地方"就意味着不受地域和地点的限制,尤其是云计算技术的发展以及各种移动终端的创新和应用,进一步突破了时间和空间的限制,真正实现学习革命。

互联网教育开启了自选菜单模式。以往传统课程的目标、内容、结构都受到学校严格的评价体系控制和制约,互联网教育打破了传统学校教育中严格固定的教学进度和统一规范的教育体制，将固定年级的课程转变为以短视频方式呈现，以知识点为单位，方便学习、方便转让、方便销售的组件，并将更多的选择权和自主权给了学习者，以更实用、更个性化的方式满足学习者的目标和时间需求。学习者可以选择自己喜欢的课程，像自选音乐放进自动播放一样，学习者也可以实现个性化的课程自选。

四、推动教育发生结构性变化

在过去的20年里，信息技术在军事、金融、商业等领域内的应用已经使这些领域发生了翻天覆地的变化，但唯独教育是个例外。信息技术在教育教学领域内的应用已有50年的历史，但教育教学的面貌并没有发生根本改变。一个很重要的原因在于：一直以来，信息技术在很大程度上都被作为一种支持传统教育教学的手段，信息技术的应用只是强化了传统教育教学体系的力量，并使其形成了抗拒变革的巨大惰性，难以与瞬息万变的信息化和全球化相适应。尽管教育教学改革的呼声一直此起彼伏，但改革的推进却始终进展缓慢甚至步履维艰。

教育变革是一个老话题，也是一个新话题。老话题是因为一直是人们关心关注的话题，新话题是教育变革一直在路上。近现代以来，世界各国都在关注教育变革，发布与教育变革相关的报告，政府也出台了大量政策来推动教育变革。尤其是在互联网大变革的时代，互联网让军事、政治、金融等很多领域都发生了很大的变革，人们同样期盼互联网能够给教育领域带来变革。的确，互联网已经不断地改变着我们周围的世界。而教育和互联网的相遇并结合，其实远远早于商业领域。在20世纪60年代，计算机刚刚开始出现的时候，人们就将计算机运用于教育领域，并提出机器教学。

究其原因，传统的教育教学改革大多属于渐进式的改革，其变革是局部性的，只改变教育教学体系的某一部分或某一方面，而没有把互联网等信息技术作为推动教育教学改革创新的一种革命性力量，没有形成互联网技术对教育教学改革进行推动的机制。互联网教育以时代变迁对人才的新需求为导向，全面创新人才培养模式；以促进公平为重点，优化教育教学环境与资源的配置；以教育教学模式创新为核心，全面提升教育教学的质量。以移动互联网为代表的信息技术在教育改革中贯穿于上述所有方面，并实现相互之间的沟通、整合与集成，从而推动教育教学的整体性改革。以移动互联网为代表的信息技术支持的教育教学整体性改革推动整个教育教学的范式转变与流程再造，改革具有整体性、综合性的鲜明特征。互联网教育带给教育的影响不仅仅是技术层面的，而且是在技术不断推动教育形态多样化的同时，影响和改变我们传统的固有的教育理念、教育思想和教育模式，形成新的教育理念、教育思想和教育模式，从而真正使现代教育技术与现代教育思想、教育理念深度融合，发生"化学反应"，推动传统教育发生深刻的变革。

第四节　互联网教育产业为教育变革提供强大动力

互联网技术是信息时代给教育带来较大冲击的技术，互联网教育作为教育信息化进程中的一种主要教育形态，能够带来教育的变革，除了对教育结构系统性的变革以外，还与互联网教育产业的发展有关。互联网教育有鲜明的互联网基因，尤其是由可资商业运营的想象空间。互联网教育依托云计算、大数据、多媒体等信息技术手段，以互联网为介质进行的教学活动。互联网教育产业随着互联网教育的发展而不断发展。近年来，随着互联网技术的发展和互联网应用的日益普及，互联网正日益改变着人们的生产生活方式，互联网也越来越多地被运用到教育上，给教育方式带来变革，线上线下相互融合日益成为互联网环境下教育的鲜明特点。人才培养教育完成从小范围的学习中心到覆盖全球互联网学习方式的转变，实现从学历教育向非学历继续教育的转型。随着网络教育的发展，人们学习需求的变化出现新的转向，即由被动地接受教育转变为自发主动地在互联网上学习。特别是互联网技术的开放性特征，在给教育方式带来变革的同时，更为教育产业发展提供了新机遇。很多教育公司意识到其中蕴藏的巨大市场潜力。多项研究表明，互联网教育产业发展迅速，成为新的投资热点。

一、互联网教育产业资本驱动教育行业高速发展

互联网教育的投资为教育行业发展注入活力，不管是国外的互联网教育产业还是国内的互联网教育产业，均从资本的角度推动了教育行业的高速发展。

美国作为互联网技术的研发地，是互联网技术大规模使用的早期受益者，互联网教育在美国得到深刻的探索和广泛的推广。以美国为代表的国外互联网产业发达国家，经过20多年的发展，互联网教育已形成具有相当规模、产业链条比较完整的成熟产业。互联网教育甚至已成为一些国家教育产业的主流，对当事国的教育变革产生举足轻重的影响。欧洲大陆也有很多冉冉升起的互联网教育创业公司。互联网教育为市场给学生提供高质量、一对一的在线教育提供了可能。在互联网教育产业发展的带动和影响下，亚洲成为互联网教育市场发展最快的地区。Edsurge 的分析数据显示，亚洲将占全球电子学习市场的25%，此外，移动学习、机器学习等互联网教育产业也得到了快速发展。

互联网发展也深入影响我国社会的方方面面，给我国的教育带来了变革。我国互联网教育从20世纪90年代末开始发展到现在，从发展历程看，互联网教育经历了远程教育平台、线上培训结构、互联网在线教育公司等阶段。互联网教育产业在我国完成了高等教育领域到基础教育、职业培训、企业在线教育和教育服务市场的扩展。根据新浪教育与尼尔

森联合推出的关于《中国互联网教育调查报告》显示：中国互联网教育包括各类高校网络课程、中小学课外辅导、英语等语言教育、职业教育、研究生入学考试培训、出国留学考试培训、公务员考试培训等，初步估计已覆盖2亿多人，在花费超过500元的学习在职人群中，40%投入了互联网教育。

借鉴工业发展历程分类方法，可以将我国互联网教育平台发展分为1.0到4.0时代。1.0时代即以信息和网络技术为基础的教育远程化，高等教育借助信息技术离开高校和课堂，进入网络传播和普及。因时间和空间相对自由而备受欢迎。其主要用户群体为因时间、地域和学历等因素而无法获得高等教育的中青年人群。2.0时代是应用了计算机、多媒体和网络通信的应用教育信息化，更好地开展教育，尤其是基础教育和高等教育，主要用户对象是传统基础教育和高等教育中的教师和学生。信息技术进入教育领域，使教育领域更好地适应信息化社会提出的新的要求，同时深化教育改革，并实施素质教育。3.0时代是更加多元化的在线教育，包括基础教育、高等教育、职业教育和特长教育等内容，改变了传统的教育和学习的方式方法，通过借助互联网和移动互联网传播方式，将用户群体从单一的学生群体扩大到全民。4.0时代，移动互联网的发展与网络公开课程的深度融合，让更多人都加入到互联网学习中来。我国的互联网教育正在以旺盛的生命力融入越来越多人的学习和生活中。

我国互联网教育市场规模正快速壮大。随着我国互联网教育不断发展，到十年时间在线教育市场规模已经到达981亿。在互联网教育的市场领域中，完善的公共服务体系、成功的市场融资和成熟的商业化运营，使其逐步走向成熟，为终身教育和全民学习打下坚实的基础。

从互联网教育产业发展历程看，一方面，互联网教育以互联网为平台，必须建立在互联网技术发展的基础上，前期互联网教育发展受到外部环境发展即互联网、电脑等技术制约。另一方面，互联网教育的发展还与广大受教育者的网络素养紧密相关，在互联网教育发展初期，很多用户还未形成接受互联网教育的习惯，互联网教育的黏性还不强，还存在学习者对互联网教育不信任的心理，对网上付费，信任感和安全意识都还没有养成，导致其发展缓慢。再者，互联网教育产业的发展还必须有资本力量的推动，才能实现产业化。当前，随着互联网的发展，特别是移动互联网技术水平的提升，互联网教育的形式多样、内容丰富，互联网教育优于传统教育的特点逐渐显现出来，尤其是在突破时空限制、高效便携、提升教育质量水准等多个方面。随着互联网教育优于传统教育的特点逐渐为人们所认同，越来越多的受教育者开始使用新型学习方式。越来越多的资本注入互联网教育企业，推动了互联网教育产业的发展。

根据2016年8月3日中国互联网络信息中心发布的《中国互联网络发展状况统计报告》，我国网民达7.10亿，互联网普及率达到51.7%。互联网用户的逐年增长将推动着互联网教育产业的发展。一方面，越来越多的地方，包括一些过去未接通互联网的偏远贫困地区、农村地区、山区，接通了互联网；一些过去上网速率慢或者是不方便的地区，也开始用上了更快网速的互联网。另一方面，上网费用也在继续下降，例如，贵阳等多个地方推进智慧城市建设，更多的区域、地方提供免费的互联网，特别是移动互联网的快速发展给互联网教育产业发展提供了现实可能。

国家加大对互联网教育行业的投入。近年来，国家在加大对教育投入的同时，教育经费也呈现持续稳定增长态势。教育经费的投入，也有力地促进了基础教育信息化市场的发展。根据CCW Rearch提供的数据显示，2014年我国IT行业总投资规模为571.9亿元，2014年中国教育行业信息化投入增长9.5%。在国家投入不断增加、市场资本积极参与下，充足的资本使得我国互联网教育产业有较好的发展基础。截至2014年末，普通高中在校学生2400.5万人，普通初中在校学生9451.1万人，基础教育市场累计用户超过1.6亿，也就是说中国有庞大的市场发展空间。此外，随着一代代人对互联网使用习惯的养成，未来都将是互联网教育市场的直接用户群体。此外，还有庞大的老年人群体，不断增加的用户群体为中国互联网教育产业发展提供源源不断的动力。互联网的快速发展给互联网教育产业发展带来了机遇。近年来，国家在宏观政策层面对教育行业予以高度重视，云计算等新技术被广泛应用到互联网教育行业中，推动互联网教育产业快速发展。巨大的互联网教育市场空间吸引着众多互联网企业进入，与此同时，一些传统教育机构也加快布局互联网教育平台，发挥各自优势，打造自身品牌，探索盈利模式。《第38次中国互联网络发展状况统计报告》同时显示，手机在线教育用户规模为6987万，比2015年底增长了1684万，增长31.8%；手机在线教育使用率为10.6%，比2015年增长了2个百分点。互联网发展的同时，也为互联网教育产业发展创造了积极条件，提供了持续动力。互联网教育成为继电商、网游、社交网络之后的又一个互联网融合产物，被评为21世纪热门投资领域之一。从事教育风险投资的决策者，他们敏锐地看到互联网教育正在参与未来教育的改革，所投入的大量风险投资基金给互联网教育的发展带来了经济动力和各种资源的支持，保证了互联网在线课程能以免费的形式向公众开放。很多企业积极地投入到互联网教育中来。中国互联网教育市场规模正快速壮大，完成了从单一的高等教育领域到基础教育、职业培训、企业E-Learning和教育服务市场的扩展。上市则推动行业加速向前，随着政策开放和产业整合，新三板市场也将保持增长态势。

相关专业人士称，经过2012年的蛰伏期、2013年的爆发阶段、2014年的进一步发酵、2015年的提升、2016年的初具规模，到2017年，互联网教育产业已稳步发展。

二、互联网教育产业的商业模式促进教育公平

互联网教育新业态的主要特征表现为不受时间、空间限制的教育条件，融合学生自学与师生互动的教育方式以及共享利用各种开放优质的教育资源。这些都得益于互联网教育产业的商业模式，目前互联网教育主要采用收费、免费、收费免费相混合三种商业模式。

互联网教育采用收费模式比较多，目前收费模式主要有两种，一是从受教育者那里收取会员费，二是付费课程。对于付费课程，目前占有的市场主要是针对K12教育和一些语言培训，对于一般性的课程资源，互联网教育多以免费的模式出现，因为在互联网教育产业中，免费模式对互联网教育产业推动教育变革提供了强大的动力，能吸引关注度，以此来提升网站的关注度，在学习者免费获取资源的过程中，免费并不代表互联网教育网站没有盈利模式，免费是针对学习者而言的，对于互联网教育网站来说，盈利则来自入驻网站的机构和个人。

（一）互联网教育产业促进了基础教育领域的公平

基础教育一直是教育公平重点关注的领域，互联网教育在基层教育领域发展迅猛，促进基础教育公平主要基于以下几个原因：一是互联网教育的学习产品确实能提供一些优质的教育资源，帮助学习者提高学习效率，比如通过在线课堂、在线练习、在线测验等，加强对知识点的掌握，同时还可以形成多维度的学习测评报告和分析图谱，帮助教师了解每个学习者对知识的掌握情况。二是由于基础教育的对象多为未成年人，在目前应试教育还在发挥作用的情况下，家长对孩子的教育投入是比较大的。此外，互联网教育产品极大地解放了教师，从布置习作到批改习作，都只需要点击鼠标即可，这让教师有精力和条件进行个性化教学。

在稳固传统的线下教育的同时，传统教育培训机构开展互联网教育产业发展战略，实现线上教学与线下教学的融合同步。随着人工智能设备、智能机器人、3D打印、虚拟现实等技术的不断发展，这些新技术的运用及互联网的整合运用将是继移动互联网之后推动互联网教育产业发展的关键革命性技术。

（二）MOOC带来高等教育领域教育公平的新机遇

MOOC在中国被音译为"慕课"，其实是"Massive Open Online Courses"的缩写，正式文字称谓是"大规模开放式在线课程"，是互联网信息技术与教育资源相结合，为满足个体化学习的时代产物。近年来，大规模在线开放课程等新型在线开放课程在世界范围内迅速兴起。具体来说，MOOC是借助大数据、人工智能和云计算等先进的互联网信息技术的基础之上，综合社交互动、在线学习、数据分析等功能的新课程模式，而这种课程模式具有开放性、规模大、个体选择的特征。MOOC正在促使从教学内容方法到教学管理的变革。可汗学院、大数据、微课堂、微学分、微学位、反转式课堂、游戏化教学等新技术和新教育方式的出现，颠覆了互联网在"传统"教育中的运用。

随着最具代表性的Udacity、Coursera以及edX等三大标志性MOOC平台的顺利构建，2012年成为慕课发展元年。高等教育互联网化解决的痛点是教育公平问题，MOOC可以在很大程度上解决这一痛点。MOOC的主要模式为名校公开课，很多全球知名高校在线开放代表性课程，部分 MOOC 平台甚至可以获得学分或在线学位。

在 MOOC 时代，互联网教育在高等教育的发展主要是 O2O 的教育教学模式、大众传播知识的方法、教育职能的技术保障，并由市场力量推动体制转型。利用 O2O 模式，既能发挥线上教育的优势，又能避开目前教育职能发展的技术局限性，实现线上线下教育持续、有机地融合。简单地把线下课堂录制拍摄好再放到互联网上绝不是线上教学，在线课程需要针对互联网及线上学习者的特征进行专门的课程设计，强调以微课程、微专业的形式实现以高清视频课程为核心，辅以递进课程体系、线上学习活动、知识点拓展、可下收资源、线上线下互动等多种导学措施贯穿课程始终的学习模式，引导学生成为课堂主角，自主学习、合作探究、高效高质量地掌握所学知识。

另外，高等教育的对象年龄层次比较大，高等教育移动化的需求趋势日趋明显，高校学生使用手机进行在线学习的比率遥遥领先于其他学段的学生。

（三）互联网教育产业推动职业教育市场的细分及不断拓广

信息时代和开放环境下，知识更新换代速度日益加快，社会对知识、技能型人才的需求越来越强烈，加强职业教育，才能适应时代要求，这是大势所趋，也是实际需要。各领域人才主动接受职业技能培训的意愿日益强烈，他们具备一定的工作基础，在各方面有所积累，对互联网教育具备足够的付费能力。互联网教育如能进一步与企业结合，发挥自身教育用户群体清晰、盈利模式成熟，探索"互联网＋教育＋就业"一站式资源整合，将具备良好的市场前景。

第一，职业教育导向性更强。参加职业教育的学员往往目标十分明确，有的是为了求职，有的是为了在工作中学习新技能，有的是为了参加某门课程的考试。如果学习者通过职业教育达到了预期的目标，学习者可以通过在微博、微信或者论坛里传播，使该职业教育品牌形成较好的口碑。

第二，职业教育的付费能力更强。职业教育可以高薪聘请优秀教师授课，通过规模效应收取合理的费用；学员方面，参加职业教育的学员一般为参加工作的上班族，他们往往有较高的支付能力来承担学费。目前，职业教育多在 CPA 培训、公务员培训、CFA 培训、各种外语的语言学习培训、医学资格证书培训等方面。部分职业教育通过与招聘者合作，实现了教育与就业的无缝衔接，利用互联网的传播优势，开启了职业教育互联网化的新篇章。

第三，职业教育的需求空间更大。虽然职业培训的付费较高，但在职学习者因为工作原因，对时间、空间的要求较高，很多在职学习者没有时间学习，互联网教育正好解决了在职学习者的这一需求，不少学习者选择了互联网教育的在线职业培训。职业教育是在线教育竞争最激烈的领域，也是前景最被看好的细分市场。据调查，以技能培训和学历教育为主，尤其是公务员考试培训、财务会计类的资格证书、IT 编程与各种资格任职和英语培训等是职业教育中的热点,相比于线下,线上的职业教育具有更多的方便性和更大的优惠性。职业教育的细分市场以掌握技能、促进就业为主要目的,因此,互联网教育中的职业在线教育领域拥有较大的发展空间。

互联网教育产业在职业教育方面,尤其是在农民工的再培训体系和城市蓝领、白领们的互联网教育可以更好地促进教育公平。立足我国当前的国情,在城市化的进程中,有很多农民工进入城市,他们是未来互联网教育的最大受益者。在传统的工业社会,大规模流水线式的生产对从业者的知识与技能的要求不高,但随着信息社会对创造型高素质人才的需求和企业的转型升级,农民工的现有知识与技能不能满足企业的需要,急需培训提高。而互联网教育能帮助他们学到他们想要学习的技能,提升工作能力。同样的,城市中的蓝领、白领们对技能的培训需求也随着工作的不断变化而不断更新,这些都能以互联网教育的方式来解决,配合线下的实训与实习,效果会更好。重要的是,这些学习让农民工和城市蓝领、白领们的学习变得不再遥不可及,而是可以用业余时间,选择自己需要的和感兴趣的课程,实现学习的目的。

不管是收费、免费还是收费免费相混合的商业模式,不管是在基础教育领域还是在高等教育、职业教育领域,互联网教育确实打破了传统教育机构对教育的垄断,让每一个学习者不管身在何地都可以平等享用互联网上的资源。互联网教育增加了人们受教育的机会,互联网让教育不再单纯地面向学校里的学习者,而是面向整个社会各个阶层、各个年龄、各个职业的学习者,哪怕是生活在最边远、最贫穷的地区,人们也可以通过互联网教育获得免费而且优质的教育资源,实现教育机会均等,从而有利于实现教育公平。

三、互联网教育产业链增强了与教育产业之间的吸附性

产业链是经济学和产业经济学中的一个概念,描述的是一种具有内在联系的企业群结构。位于产业链的企业中间,有着同一产品生产的上下游关系,或者是彼此的内容或服务交换,相互支撑着产业链中的企业发展。

在传统的教育产业链中,教师扮演着内容提供商的角色,学校扮演传统渠道商的角色,而广大高校生则扮演购买者角色。在互联网教育产业链中,教师和学生被互联网直接联系到了一起,形成新的发展业态,互联网教育部分替代了传统渠道商和内容提供商,在线培训学校部分替代了线下培训学校,线上教师替代了线下教师。

互联网教育,可以理解为教育网络化、市场化、产业化的过程,巨大的互联网教育市场吸引了越来越多的社会角色的参与,进而形成了一条相对完整的产业链。产业上的各类角色相互支持、相互关联、相互渗透,共同促进互联网教育产业发展。按笔者理解,可分为以下六类:

(1)机构。互联网教育的本质是"教育",而教育资源往往都为教育结构所掌握,所以在教育产业链中,教育机构处于上游位置。特别是在中国互联网教育还处于发展阶段的

背景下，中国的各类教育机构，诸如各类大中小学、培训机构等，依靠他们所拥有的师资力量和教育口碑，以占据的传统教育经验，在互联网教育产业链中处于优势地位。他们在教育产业链中，承担着将实体的传统教育内容通过互联网引入线上的职能，让教育资源从线下转入线上。

（2）内容。受众参与线上教育，目的也是学到更好的学习内容，也就是说，好的教学内容和资源是所有互联网教育平台都缺乏的资源。互联网教育产业越往后发展，内容为王的倾向将越发明显。内容资源包括视频、音频课程、培训讲义、习题试题等内容。一部分内容提供商成为独立的教育培训机构，另外一部分是专业从事教育内容生产的独立机构，如出版发行商等。基于移动终端的教育产品，在市场上更有优势。与 PC 端相比，移动教育能借助移动设备的触感、语音输出等方式，提供个性化的学习场景，实现人机交互场景，提升学习本身的趣味性。对题库类、数字阅读类、音频类等相对乏味的教学过程，通过开发在线教育产品，从移动端切入，寓教于乐。此外，数据技术有助于改善在线教育体验。在线教育平台通过大数据挖掘技术，跟踪用户学习过程，掌握用户个人属性、教育水平、收入、消费等情况，了解用户的真实需求和学习动机，精准定位，推荐定制化内容，增加平台的商业变现能力。

（3）平台。平台提供商是互联网教育产业发展的重要助推器。有媒体称，是互联网教育平台的发展，点燃互联网教育的第一把火。

（4）技术。互联网教育的产业化发展离不开教育内容的产品化表现形式。近年来，我国涌现出许多针对在线教育的产品，如虚拟教室、远程培训、在线考试、培训管理等，也出现了一批提供教育互联网一站式的方案解决商。尽管推动互联网教育产品创新的企业在数量上有所增加，但真正在技术、商业模式、产品等方面形成成熟创新解决方案的还不多。

（5）用户。用户不仅是互联网教育的受益者，同时也是互联网教育产业链中的消费者。互联网教育以其便捷性、经济性、灵活性吸引了越来越多的用户，其市场前景值得期待。如何把互联网教育产品推向市场，让用户接受互联网教育，接受开发的互联网教育产品，就需要互联网教育产品提供商去调动和挖掘潜在的用户资源。同时，面对激烈的市场竞争，互联网教育受众可供选择的空间增大，一方面可以在传统教育与互联网教育中选择，另一方面也可以在不同的互联网教育提供商中选择。怎样吸引客户，如何留住客户，需要每一个互联网教育提供商在改进服务、优化服务等方面下功夫。赢得用户的互联网教育企业才能在市场中占据一席之地。

（6）其他。在整个互联网教育的产业链中，还有一些角色的参与不可或缺。首先是电信运营商，互联网教育的技术基础带宽决定了互联网教育产业链上的技术运用。特别是在 4G 时代的移动教育。此外，教育行政机构、设备提供商、风险投资商，以及行业媒体，正是有了越来越多的角色参与，互联网教育才实现了蓬勃发展。

归根结底，互联网教育产业链就是由教育、互联网、用户三大要素构成的产业链条。实施教育是互联网教育产业发展的本质，是产业的落脚点；互联网是技术手段，是互联网教育产业发展的平台；用户是核心，是互联网教育产业的受众，是整个互联网教育产业得以发展壮大的最重要的因子，是互联网教育产业从业人员的衣食父母。当前，互联网教育产业的各类角色在发展过程中不断融合渗透。随着信息时代的深入发展，互联网教育发展壮大的趋势势不可挡，加快互联网教育产业发展，让互联网教育得到普遍使用，为用户带来更多价值，是互联网教育企业思考的方向，也是前进的动力。互联网教育以科技创新为手段，以互联网技术为工具，来推动教育的普及与进步。互联网教育产业链的延伸不仅可以加强互联网教育产业与教育产业之间的吸附性，还可以增加教育产业的科技含量，提高附加值。

四、互联网教育产业增加了教育行业的科技含量

以科技创新手段与互联网技术的不断发展为主要特征的互联网教育推动着教育进步。在互联网的影响下，教育行业将进入互联网时代。信息技术的创新发展在推动人类进入信息化社会的同时，也推动了教育行业从工业社会到信息社会的迈进，互联网教育产业化进程为教育行业的改革与发展提供了一个强大的动力。

第三章 互联网环境下的课程和教学变革

第一节 对课程新生态的重构

2007年,可汗学院的创始人萨尔曼·可汗(Salman Khan)在个人辅导中将讲课的内容录制成视频传到网上,向世界各地的人们提供免费的高品质教育,引起了人们的广泛关注,吸引了全球5600万中小学生观看;2011年,斯坦福大学的教授将"人工智能"的课程放在网上;2012年4月,斯坦福大学的教授创立了coursera平台;2012年5月,麻省理工学院又创办了EDX平台。翻转式教学、游戏化教育、微课程的视频设计使互联网教育课程的新形式越来越受到人们的重视和关注,影响范围和应用领域不断扩大。VR(虚拟技术)和人工智能等新技术在教育领域的运用,加快了虚拟课程缓缓而行的脚步。打开手机,微信中经常出现的"微课""轻课"也是互联网技术的发展在教育的课程领域掀起变革的典型代表。课程的变革正是在互联网时代下互联网与教育结合的产物,也是未来教育发展的新兴领域和载体。作为实施互联网教育的关键一环和资源核心,课程更是决定了互联网教育模式发展的方向和未来。

一、课程设计的创新:技术与互联网思维合力的产物

(一)基于教学对象的分析

如果将课程设计置于教学过程的整体视角来看,研究者不仅要在具体某一门课程设计上进行研究,更要根据不同教学对象进行完全不同的课程教学设计。梳理以往学界对于互联网在线课程设计的研究成果,依据教学对象进行划分的课程设计研究差异较大,分类方法也存在差异。有关学者提出将互联网课程设计划分为"高等教育互联网在线课程设计""职业技术互联网在线课程设计""企业培训互联网在线课程设计"三种类型,这三种教

学对象是目前互联网教学应用较为广泛的三个领域。这三种不同的教学对象的课程设计之间存在较大的差异。"高等教育互联网在线课程设计"偏重学科知识的掌握和专业能力的培养，在课程设计方面追求课程内容的系统化、组织化以及科学性，认为互联网课程需要提供大量的学习资源和学习支持，保障学习者自主学习的环境。"职业技术教育互联网在线课程设计"是针对培养应用型人才设计的，这种课程形式具有明确的职业定向性、以产业生产为主导以及较高的课程实施成本的特点。"企业培训互联网在线课程设计"更加注重结合职场工作的实际需要，课程的内容也偏重不同工作部门的职业要求。

（二）基于课程内容的分析

在互联网课程快速发展的"热潮"中，需要冷静思考"到底什么样的课程内容适合互联网教学"这个问题。根据以往研究经验，目前发展较快、受大众欢迎的互联网课程的内容选择遵循以下三个原则：第一，语言类、理工类为主的学科；第二，可操作性较强的专项活动的基础课程；第三，具有地方特色、人文情怀、民族色彩、文化氛围等鲜明特点的课程。这些课程都具有学习知识"碎片化"的特点，学习进程也不必是连续的过程，可以随时随地进行学习。

（三）教学的模块化设计

无论是课程长度、学习知识的碎片化特点，还是学习者自身的学习特点，都要求学习内容呈现出一种可重复、随时随地能够学习的特点，学习内容因此具有模块化特征。学习内容的模块化使得学习者能够自主控制学习速度，学习过程可以随时反复，随时开始。课程内容划分不同的教学板块，这些板块自成体系，相互独立。学习者可根据自身的需求和能力选择不同的板块进行学习，教育者也可以根据学习目标的变化，将不同的板块进行整合，以适应课堂和学习者的学习需求和教学进度的要求。

二、互联网教育的内容设计：以个性化服务为重点的资源共享

课程内容是课程中所要表达观点、解决问题、建构事实以及处理方式的集合，是教学过程中的核心部分。当然，课程内容的选择和特点都是受到课程所采用课程观以及课程目标的影响，可以说，课程内容又是随着课程目标的确定而完成，在互联网课程中更是如此。互联网时代具有信息爆炸的显著特点，在这种几乎是无限的信息资源中，必须依据一定的目标和标准来选取合适的资源作为课程中的内容；同时，随着互联网信息技术的发展，课程内容的深度和广度都将得到拓展；人们生活学习习惯在互联网时代也在发生改变，在任何一个时间段、地点，人们都可能有学习的需要；课程内容也需要适应新的变化。在互联网时代，随着教育与互联网的融合不断深入，教育领域出现了新的变化和挑战，课程内容也出现了新的特点和应用方式。

（一）课程内容来源的广泛性

互联网连接是一个无限的空间与时间，它可以触摸到世界各地的每个角落，追溯到历史和未来。可以说互联网背景下，课程所面对的知识资源是无限的。除了突破时间和空间的限制，知识与个体之间的接触也从间接转化成为直接的方式，即个体可以直接接触到不同层次、多个梯度的专业知识和内容。

课程内容也不再是教育者的专享权力，而是成为教育者与学习者之间建构的成果，甚至是学习者在这种基础上能够发挥更大的影响力，学习者的兴趣和爱好决定了未来学习课程内容的选择。

（二）课程内容强调学习者的主体性

互联网课程从学习者点击进入课程学习的界面，就已经开始围绕着学习者进行设计合适的教学过程，根据学习者以往的学习特点和学习经历，推送适合的学习课程和学习内容，跟踪学习者的学习轨迹，随时掌握学习者的学习状况，并及时进行反馈指导，改进课程设计，实现因材施教的理想化教学目标，有针对性地解决学习者在学习过程中遇到的问题，符合人性化的学习服务。

（三）课程内容的"简单化"设计

课程内容的"简单化"并不是指知识水平的降低，而是知识的呈现方式的新变化。课程内容的"简单化"指的是在知识展示的设计上遵循"短小精悍"的原则，每段教学过程或教学视频为8～15分钟，在每段教学视频中，只包含1～2个知识点，内容的展现结构简单。以短视频为基本教学单元的教学模式和知识组织方式，正是互联网课程适应"知识碎片化"社会环境的结果，这样的教学模式更加有利于学生记忆和理解新知识。

三、互联网教育的课程形式设计：以学习效果为导向的人性化设计

（一）视频设计为主流

教学实践可以通过传统的黑板书写，或者是多媒体等各种形式展现出来。互联网课程通常使用预先录制视频的方式进行，也存在采取网络直播平台教学等多种方式。目前预先录制视频为互联网教育领域教学的主流形式。实时网络直播虽然更具有吸引力和互动性，但是这种视频形式对于网络平台的要求较高，教育者对于课程的把握能力也是很大的挑战，教学的成本和困难程度相应较高。无论是预先录制还是实时直播，相比黑板书写，在线教学视频吸取了传统教学过程中的优势，将文字书写融入视频，使学习者能够感受到直

观的知识展示；同时，互联网课程的设计也更加关注学习者持续注意力的效果，互联网课程的长度大约是 8 分钟，而非传统课程 40 分钟。以视频为主要的教学资源，比较适应互联网课程的教学特点，使得全世界的学习者都能够使用和学习。

（二）课程设计中互动环节增加

梳理互联网课程的实践形式，互动模块主要分布在课程实践的各个环节。在课程开始之前，教学课程就会与学习者进行互动，了解学习者想要得到的、感兴趣的知识点，或者是课程形式。课程进行时，互联网课程设置"课程讨论区"，对于选择同一门课程的学习者形成一个特定的学习小组，以论坛的形式引发学习者之间的讨论、问题的提出与不同意见的表达。课程讨论区的运作模式大致由学习者所提出的问题引发的，学习者自主参与讨论，提出初步的意见或者答案，经过讨论之后，教育者再引导学习者探索问题的解决或者是直接提出正确的解答方法。此外，教育者之间也存在类似的组织，交流教学经验，以最大化适应互联网教育的新方法。互联网课程的教学目标是最大限度地激发学习者的学习兴趣，提高他们的学习质量，引导学习者进行更加有意义的学习。这种课程设计的初衷需要学习者参与到课程的建设之中，学习者与教育者共同建构课程的教学环境。学习者真正地参与到课程的教学过程中，学习者与教育者互动频繁。

（三）课程长度设计呈现出"短小精悍"的特征

互联网课程具有个性化特征的同时，也存在着缺乏教育者直接有效的督促和压力，现阶段互联网课程也没有学分，或者是证书的吸引力，学习者很容易在课程中放弃学习，难以形成连续的课程教学。因此在课程设计之初，就必须考虑到学习者学习的动力、动机或在线时间的有效注意力等相关因素。过长的互联网在线课程，会使得在线学习的效果下降，学习者也可能因此丧失学习兴趣和学习动力，进而丧失对于互联网课程的满意度。根据以往视频教学的经验，互联网课程一般依照不同的课程知识点或问题划分为 8~12 分钟的视频，每周授课时长为 2~3 小时，单科课程的预计总时长是 15~35 小时。这种短小精练的模块化课程能够充分适应各类人群的学习环境，学习者可以反复地、随时地进行课程学习。

（四）课程的问题导向

课程可以开始于一个问题的提出，结束于一个问题的解决。互联网课程的展现形式更多地呈现出"短小精悍"的特点，更加适合于问题导向，而非教材导向的需求。每一节互联网课程都是围绕着一个问题展开，教育者一方面引导学习者自主解决问题；另一方面，课程中并不明确率先提出问题的答案，而是学习者在这种教与学的互动过程中，学会解决问题的范式。

开发"微课"的关键是聚焦问题。要以知识点、事件、环境为载体,指向是学习者解决问题的能力、方法、思维的培养,从上述的内容中我们可以看到,教育者特别注重从教学过程中敏锐地发现恰当的选题,以便解决学习者的疑点、难点和易错点。

通过"微课"引导学习者体验学习的过程,在自由选择学习内容时,引导他们思考"为什么""有什么问题""哪些东西要在课堂上和大家分享"。在激发了全体学习者的学习热情和主动性的同时,让学习者掌握学习的方法,生成学习的能力,给他们营造一个自我成长的思维环境。

学习者在学习中通过回帖反馈困惑、疑难和建议,教育者可以及时掌握学情,以学定教,确定课堂教学需要解决的主要问题。例如,在研究"微课"应用时,教育者不断地被一个问题困扰,就是学习者缺乏生活常识,直接影响到能力的生成。例如:在学习区分硬水和软水时,常常用到肥皂水,但学习者对肥皂水没有概念,更难理解实验原理。在学习细胞的生活需要糖类、脂肪、蛋白质等营养物质时,学习者基本上"只认其字,不明其意"。经过两个学科教师的共同研讨,录制了学情"微课"《肥皂水的奥妙》《舌尖上的营养》,帮助学习者了解更多的生活常识,提高了学习者的兴趣,拓宽了学习者的知识面,增强了他们对知识的理解和掌握能力。教育信息化给学科融合带来了更多的可能性。

第二节 智能化智慧型的教学方式

互联网教育是在全球信息化的大背景下产生的,是互联网时代的教育。随着新兴技术逐渐被运用到教育领域,如3D打印、教育游戏、社会性虚拟社区等对教育信息化集成,产生更大的效果,内容非常丰富;"慕课"、开源硬件、学习分析等都被广泛重视,有些已经得到了应用,还有云计算环境、虚拟实验室、Second Liffe 虚拟软件、大规模在线开放课程、"翻转课堂"以及"慕课"的迅速发展,开放课程、开放数据、开放资源、开放教育、开放存储、开放思维等开放观念进一步深入人心,互联网教育开启教学的变革正在一步一个脚印地向人们走来。比较有代表性的是以物联网为基础的智能化教学、人工智能带来的个性化智慧教学、虚拟现实带来的沉浸式教学及APP带来的教育游戏化、娱乐化。

一、物联网:智能化教学

物联网对教学最大的贡献用一句话概括就是教学世界的感知与感知服务。物联网是通过信息传感设备,如传感器、射频识别(RHD)技术、GPS 系统等各种装置与技术,将物体与物体、物体与互联网连接起来,进行识别与管理。物联网是建立在数据云储存、业务云之上的，是将智能终端通过先进网络相连的一个业务数据智慧处理体系。通过物联网可以实现人与人、人与物、物与物、物与互联网之间的连接，方便对事件和物件进行识别、管理和控制。在物联网的世界里，所有人和物在任何时间、任何地点，都可以方便地实现互联互通。物联网虽然是以互联网作为基础，是在互联网基础上的延伸和扩展，但是其核心却不是互联网，而是面向实体世界的感知和感知的服务；在物联网的世界里，可以实现任何物体与物体之间的信息交换和通信，实现了物理世界和信息世界的无缝连接，进而实现现实世界与人的无缝连接。

可以看出，物联网是面向实体物理世界，以感知互动为目的，是以互联网和人工智能为基础的，但又超越智能化、超越互联网，是物理与信息深度融合的全新系统，关注的是外部的现实世界的事件和事件的感知。

物联网为教学环境的变革提供了技术支持。物联网的信息传感设备能自动感知学习者的学习位置、所处的学习环境、正在学习的学习内容，以及进行的学习活动，甚至是学习者与环境或他人的交互情况等信息，并经过大数据的分析处理形成对学习者行为和需求的理解，据此来对学习活动进行管理，提供最高效能的使用环境。随着人工智能、移动互联网和大数据等新技术的不断发展，物体与物体、人与人、人与物将走向万物互联的时代。例如，一个小小的插线板可以连接网络，而后用户就可以在任何地方远程控制插线板的开关；可以远程查看教室里的灯光和温度是否合适，如果还没有达到合适的程度，在手机上给予提醒，并能够自动调节教学的光线、温度和声音。

物联网还能为学习者提供智能化的、个性化的学习支持，在物联网中，通过嵌入到学习和教学空间的各类传感器来感知分析学习者当前的位置环境；通过登录时的学习者身份认证系统，可以知道学习者信息、操作习惯、个人喜好；通过学习跟踪仪或者可穿戴设备，可以记录学习者的学习行为（如拍照、记录等）、预先的学习计划、学习的起止时间、学习路径或课程序列、学习者与设备之间的交互情况、学习者与他人的交互情况、学习绩效和个性化需求等。物联网将这些信息传输给服务器，由服务器终端提供给学习者合适的、智能化的、个性化的学习支持。

二、人工智能：个性化智能教学

人工智能是研究、开发用于模拟、延伸和扩展人的智能的理论、方法、技术及应用系统的一门新的技术科学。从大数据、算法，到智能化推荐，从机器人成为围棋世界冠军到机器人写稿，"人工智能"逐渐走进人们的生活，当然也包括教育。人工智能对教育的支持主要体现在智慧教育、智慧教学。

人工智能支持个性化的教育。在教学过程中，人工智能通过学生阅读材料并回答问题的情况，可以判断学生对知识的掌握情况，从而有针对性地问出学生需要掌握而未掌握的问题，帮助学习者以最容易接受的方式掌握该掌握的知识点。大数据的支撑下，系统可以描述每个学习者的学习特性。人工智能通过跟踪学习者的学习痕迹，分析学习者的学习信息，及时给学习者提供更多的个性化的帮助。人工智能支持下的个性化的教学是智能化的、可定制的教与学。在信息（知识）时代，人工智能、物联网、云计算等新一代信息技术在教育领域的应用推广使得智慧教育有了新的内涵和特征。

人工智能支持智慧教育。随着物联网、人工智能、云计算、大数据和无所不在的移动网络等为代表的新一代互联网信息技术的飞速发展，为智慧教育观的形成提供了技术支持，尤其是互联网教育中的 E-learning 和 B-learning 发展到移动学习与泛在学习，使得互联网时代的学习者对信息化下的学习环境和学习方式的要求越来越高。在教育信息化不断发展的进程中，智慧教育应运而生。智慧教育是互联网教育不断走向教育信息化过程中的一个新的高度。智慧教育的核心是以物联网、云计算、大数据和泛在网络等四大技术，通过智能技术或设备高效整合分布于全球的学习资源和学习群体，构建智慧学习环境、研发智能化系统及产品，为每一个学习者提供全面的学习支持服务，培养学习者的创新能力、批判思维能力、问题解决能力等高阶思维能力，培养智慧人才。智慧教育是互联网教育在教育信息化进程中发展到高级阶段的产物。在智慧教育过程中，学习者是自我导向且有自我内在动机的，学习过程中是有趣的、定制的、有丰富资源支撑的。

三、虚拟现实：沉浸式教学

虚拟现实（VR）是通过计算机、大数据等技术模拟产生的三维空间的虚拟世界。虚拟现实提供关于视觉、听觉、触觉等感官的虚拟模拟，观察者可以选择任意一个角度，观看任意范围内的场景和物体，帮助使用者获得身临其境之感。虚拟现实有以下几个特征：

一是多感知性。虚拟现实除了一般的视觉感知以外，还有听觉、触觉、味觉和运动感知，在教学中的运用就可以让学习者感知很多课堂和学校无法实现的现实世界，如可以在虚拟现实中感受沙漠和冰雪世界。二是沉浸感。即体验者感到作为主体在虚拟模拟环境中的真实程度。虚拟现实的沉浸感在教学中的运用可以让学习者全身心地投入到三维虚拟学习环境中，激发学习者浓厚的学习兴趣，产生高效率的学习效果。三是交互性。即体验者对模拟环境内物体和环境的可操作程度和反馈的自然程度。如学习者在虚拟太空环境中感受太空的失重。四是构想性。即可以再现真实存在的环境，随意构想客观不存在的甚至是不可能发生的环境。虚拟现实为教学提供情景化、真实性、自然性的环境和情景的支持。

知识学习更加形象、更好理解。虚拟现实技术可以再现现实生活中无法观察到的自然现象，也可以通过虚拟再现事物的变化过程，为学习者提供形象生动的学习资源，帮助学习者加深对抽象概念的理解。比如，在地理课上，丘陵、沙漠和雪山将不再是一个个地貌名词，学生可以通过 VR 去感受和体验每一种地貌的特色。

探究学习更有趣，印象更深刻。虚拟现实技术可以对学习者探究所提出的各种假设进行模拟，通过虚拟现实技术可真实地观察到这一假设所产生的结果和效果，从而达到探究学习的目的。比如，在化学课上，复杂的化学反应是怎么被发现的，又有几个反应过程？学习者可以在虚拟的世界里，把自己缩小到分子级别，去探索究竟。

技能训练带来虚拟的沉浸。学习者在虚拟的学习环境中扮演一个角色，通过沉浸在角色中的实践学习，学会现实中因为场景限制而无法学会的技能。比如，虚拟现实的课堂就很好地解决了汽车驾驶培训的问题，这也适用于飞行驾驶、重型机械操作等。

虚拟现实让学习者足不出户就可以感受到头脑风暴。虚拟现实（VR）运用于文化教育领域受到了人们的欢迎。随着虚拟现实（VR）技术的不断普及和设备价格的大众化，虚拟现实技术在互联网教育中的运用越来越广泛。

四、教育APP：教育游戏化、娱乐化

教育本应该是快乐的，寓教于乐的观点我国自古就有，娱乐和游戏从词义上看，含有快乐的意思。教育游戏化、娱乐化的观点来源于在互联网教育中，体验式、探索式学习方式的加入，游戏闯关的元素的添加，让教育娱乐化成为学生喜欢接受的学习方式。

娱乐化和游戏化有助于激发学习者的创造力。教育学家曾经对游戏和学习者创造力之间的关系做了大量的研究，发现游戏评分较高的幼儿在发散思维测试中的评分也比其他学习者高。其原因是学习者在游戏的过程中，因为遵循一定的游戏规则需要运用各种方法。在获取方法的过程中除了通过既往的经验，还需要基于经验的个人创造。学习者在游戏中通过积极主动地运用个人智慧及经验，进行创造性的活动来不断激发自我的创造力。

教育和娱乐之间的界限变得越来越模糊，很多情况下已经分不清哪些属于教育，哪些属于娱乐。

目前，国内游戏教学的发展情况和研究现状可以从两个方面进行分析。第一，传统游戏教学活动的应用。学前教育学家普遍认为游戏是幼儿在成长过程中最好的教学手段，可以促进幼儿的身体发育、多元智能的发展、性格的培养、想象力和创造力的发展等。因此在幼儿教育中，游戏教学方式占了很大的比例。当学习者的年龄增大，进入知识学习阶段以后，在课堂中游戏教学的比例就大大缩小，很多一线教师将游戏教学作为一种教学策略应用到课堂教学当中，在教学的各阶段采用不同的游戏策略，目的是激发学生的学习兴趣，提高学生的学习积极性。游戏教学在各种学科中都有应用。除此以外，在成人学习及管理培训中，游戏教学的运用也非常广泛，一般体现在体验式活动当中，运用游戏的方式来训练技能及培养意识。第二，结合当前网络环境，教育工作者们纷纷提出要将游戏和教育相结合，希望能让学生把对游戏的痴迷转化为学习的动力。

如果在互联网教育中玩游戏就是一种学习，那么学习过程还会那么枯燥吗？如翻转课堂中的游戏化闯关训练，让学习者在娱乐中加强对学习内容的巩固。互联网教育提供了学习趣味化的机会，练习通常采取游戏闯关的方式，增强学习的趣味性和主动性，教育娱乐化的目的是提高学习者的学习兴趣，从"要我学"转变成"我要学"。学习者通过在游戏

中制订和遵守自己的规则来学习遵守社会规则。随着互联网教育的发展，教育游戏化、娱乐化的观点越来越受到人们的关注。

五、网络智慧教学模式的构建

基于上述网络智慧教学的理论依据和现实基础，结合智慧学习教学系统和互联网异地多终端教学实际，构建互联网智慧教学模式。互联网智慧教学模式的构建主要有以下三个模块：

（一）多终端同步视频互动教学平台

多终端同步视频互动教学平台可以实现所有终端如同传统班级一样在一起同步上课。每个学习终端相当于班级授课中一个物理意义上的学习小组，各个学习小组都可以同步接收教室授课终端的授课内容，各个异地学习终端之间还可以相互交流。教师可以通过教学平台同步看到所有学习个体和学习终端的学习情况，学习者也可以通过自己所在的学习终端看到教师的授课视频。此外，学习者与学习者之间也可以通过自己所在的学习终端相互观察，产生互动。教师和异地学习者、异地学习者之间通过网络互通，如同面对面地授课一样，所有学习终端都能同步看见、听见教师的讲课或学生的发言，所有学习终端都可以相互之间参与互动。

（二）智慧教学资源分析与推送平台

教学资源智能分析与推送平台主要包括智能分析与导航、个性化推送、动态资源汇聚与策展等部分，是基于对学习者个性、学习者特征、学习课程、学习目标任务的了解，提供学习资源推荐、学习路径选择、学习过程困难指引等服务，真正做到智能分析与推送的相关性、自主性和及时性。在学习之前，通过量表对学习者的性格、心理等各方面的素质进行测试，以表格、图形等生动直观的形式展现出来，参照标准进行比对，进行智能分析。学习过程中，在大数据采集、挖掘、分析和聚合的基础上，根据每个学习者的情况，用数据化和学习需求动态相结合的模式，对每个学习者实现基于个性化学习的路径引导。在具体的学习过程中，学习跟踪引擎针对每个学习者量身打造和整合内容，让学习者能在自己喜欢的地方、以自己喜欢的步调、用符合自己智能类型的方法进行学习，还可以帮助学习者依据知识点之间的知识网络，主动选择意义建构的资源学习。

利用学习者在学习中留下的数据进行分析，深入地观察学习者现有的知识结构和学习需求，及时分析、评价学习效果，并对学习效果进行反馈，对学习者的学习过程进行跟踪。利用大数据技术，可以在系统汇聚各类数据的基础上，进行挖掘分析，为教育系统中环境、资源、教学与服务等智能管理提供科学决策。根据学习者的偏好和需求，进行个性化资源推送；根据学习者的现有学习基础、学习的需求，进行学习任务、学习项目和学习内容的推送；根据学习者在学习中遇到的困难和需求，适时推送个性化的学习服务，如帮助解决疑问，提供学习指导路径、学伴、学科专家等，回应每个学习者的个性化需求，保持学习者学习的积极性。

（三）情境感知智慧学习平台

在智慧学习环境下，通过情境感知智慧学习平台，利用情境感知技术，如 GPS、RFID、QR Code 以及各类传感器等，可以实现对外在学习环境与学习者内在学习状态的感知，进而依据情境感知数据自动地为用户提供推送式服务。情境感知智慧学习平台还可以实现无缝连接。如实现教育管理者、教师和学生之间的无缝对接；学习者与学习资源、学习支持服务之间的无缝对接；教师与教育管理者、教学资源、多个学习终端之间数据的无缝对接等。

情境感知智慧学习平台通过电子书包实现智慧学习实践，无缝连接学习者的不同学习情景。其中，教师端和学生端的主要功能有：

1. 智慧学习平台的教师端功能

（1）用户鉴权：根据用户输入的用户名、密码判断用户合法性，读取用户所属班级等属性。

（2）选择班级：用户选择本次课堂教学班级。

（3）系统抓屏：教师可抓取教师端当前屏幕内容，并推送到学生端。

（4）课堂客观题练习：教师在教学过程中，可启动答题功能，学生利用电子书包进行客观题解答，并提交到教师端，系统可实时自动分析本次课堂练习情况，给出总体答题情况、阶梯分数、答案分布、每题作答明细、答题错误率、答案占比情况等分析结果。

（5）课堂主观题练习：教师在教学过程中，可将主观题目采用截屏的方式发送到学生端，学生手写答题，教师端接收到答题卡后，可直接查看，当堂点评。

（6）同步数据：将电子教材等资源从云端同步到教师端，学生端下载教材资源时，可利用局域网直接从教师端下载，降低对互联网带宽的要求。

（7）资源推送：教师可在教学过程中，将优质学习资源通过教师端向学生进行推送，供学生进行课前预习、课后复习。

（8）课堂交流：可实时查看学生举手状态及本次课堂举手次数，接收并显示学生课堂发言，具有小红花功能，教师可根据课堂教学情况向学生奖励小红花。

（9）学生端锁屏：教师在课堂教学过程中，可按需锁定学生端屏幕，使学生能够专心听讲。

2. 智慧学习平台的学生端功能

（1）电子教材：根据学生属性，显示本学期教材目录，学生可从云端平台下载教材，并点击阅读。

(2) 同步练习：教师利用服务平台向学生推送教学同步练习，加强学生对各知识点的掌握。

(3) 课后习作：接收教师通过服务平台布置的课后习作，完成习作后提交到服务平台，由教师进行习作批改。

(4) 学习资料：接收教师推送的学习资料，进行课前预习及课后复习。

(5) 课堂互动交流：支持举手功能，可向教师端发送文字信息，进行课堂互动交流。

(6) 智能答题：接收教师课堂教学过程中推送的题目，并在答题区进行答题，答题完毕后将答案向教师端推送。

网络智慧教学模式既能实现丰富的学习资源共享，也能实现同步和异步的文字交流，又能实现多向视频同步教学和实时互动，为学习者提供了较好的信息交互与共享、彼此沟通与协作、共同探究与提高的互联网学习环境与平台。它既保留了教学资源共享、在线答疑等精华，又增添了智慧学习理念指导下创建的多终端同步视频互动课堂教学环节，同时创造性地发挥了智慧学习平台的优势。网络智慧教学模式将多终端同步视频互动教学平台、智慧教学资源平台、情境智慧学习平台有效地加以综合利用，共同服务于互联网教育教学。

对于互联网教育背景下的教育模式变革来说，个性化人才培养模式创新和创新人才的培养是其基本任务。因此，网络智慧教学模式是从理论和实践两个角度出发，在宏观层面上发展教育信息化推进以及利用信息技术构建学思结合、知行统一、因材施教的创新人才培养模式的策略方法。

第三节　多元评价和智慧管理变革

一、多元化评价：个体本位论与社会本位论的辩证统一

教学评价是教学环节的一个重要组成部分，是推动教学改革的动力，既是对学生学习能力和学习成就的评价，也是对教师教学能力和教学效果的评价。教学评价的目标不仅仅是证明，更是改进，科学且有意义的评价能够在一定程度上提升教师自我反省的意识与能力，影响教师教学的积极性、学生学习的主动性，直接决定着教师的教学效果，对提高教学质量和提升教师新教学理念下的教学实践能力有着重要的影响。

（一）注重学生全面个性发展：克服一元式评价方式的不足

在传统教育中，教育评价体系是在应试教育的指挥棒下，对学生的评价多以"考试分

数"一元式评价方式来进行,不能真实反映学生的能力素质,也不能从多角度来反映学生的个性品质,这种一元式评价方式扼杀了师生的创造性,忽略了学生之间存在的差异,忽略了学生创造性的培养,忽略了学生的全面发展,严重束缚了师生的成长空间。

在互联网教育背景下,学生学习能力的要求和结构变化导致传统学习能力评价方式无法对当前学生的学习能力做出准确和合理的判断,越来越多的研究者意识到科学的学生学习能力评价对促进学生学习能力发展的重要性,并对信息时代学生学习能力的评价体系进行了积极的探索,如对发展性评价、真实性评价、表现型评价、档案袋评价等的研究。

传统课堂教学环境下的教学评价体系过于局限,比较重视学生学习结果的评价,即学生期末成绩的总结性评价,忽视了对学生学习过程中的形成性评价,更忽略了对学生全面个性发展的综合性评价。

(二)注重创新评价:彰显和引领时代创新精神

评价要着眼于多元智能的发展评价,要更加关心学生关于智慧能力的评价,特别是创新创造能力的评价。教育评价的变革也要围绕教育目标的变革进行,注重智慧评价和创新评价,发挥评价对成长的导向作用,要为学生的科学成长提出合理化建议,教师真正发挥"导"的作用。

注重创新创造评价。互联网时代的教育目标既要体现个人本位论,即实现人的全面自由发展,也要体现社会本位论,即实现社会的创新发展,实现社会价值和个人价值的统一。教育不仅在于培养适应社会的个体,也要培育推动引领社会发展的个体;不仅在于提供技能、知识等培养适应社会的个体,也要实现人的个性化发展、自由发展、健康发展。

创新精神是互联网的精髓。互联网从诞生之日起,就以创新为使命,改变了我们的生产、生活方式和思维方式。互联网教育以分散化、扁平化、平等化、交互式等改变着传统的教育模式和教育方式,改变着传统的育人观、教师观,改变着目前的"灌输式""以教师为中心""以单纯传授知识为主"的教学方法。这种全新的教学模式使学生的学习过程由被动变为主动,激发了学生的学习热情,推动了个性化学习,有利于创新型人才的培养。

智慧评价关注整个教育过程。互联网教育背景下的评价体系追求过程和表现的持续发展,是过程化的教学评价。破除以考代评、为评而评、以评定性的做法,建立诊断性评价、形成性评价、总结性评价相结合的教学评价方法体系。诊断性评价是在教学活动开始之前对学生的知识储备、能力水平等各方面进行的评价,以此为即将开始的教学活动提供设计依据。形成性评价发生在教学过程中,通过评定在学习过程中的学习状况、学习进度获得改进教学的反馈信息。总结性评价是发生在阶段性学习之后,比如单元或者课程学习、学期之后,为了判断学生的学习效果而实施的评价。在互联网教育背景下,诊断性评价、形成性评价、总结性评价相结合的教学评价方法体系有助于维护每一个学生全面发展的权利。

学生成长档案袋，通过网络记录学生成长学习过程，整合学生德、智、体等综合数据，为学校和家长及学生升学提供客观、公正、可量化、动态化的学生成长资料，形成学生综合素质评价的过程管理数据库。方法是把综合实践学习和评价的过程和成果详细记录，能在网上进行的活动就在网上进行，只能在网下进行的活动也在网络记录和评价。连续多年、动态记录和评估，每项活动过程和成果都可折算为积分、量化考核（如参加科技学习、小发明、小创造、小论文、做义工、社会实践时间及效果等），建立学生网上成长档案袋，成为学生综合素质评价最有含金量的结果，同时也可以把综合素质评价导向于素质教育引导学生个性化发展和特长发展，引导创新精神与实践能力的培养，成为综合评价多元录取机制和组成部分，使价值判断真正建立在事实判断的基础上，减少主观评判，加大客观评价，体现公平公正公开原则。

智慧评价关注学习者素质的综合评价。教学质量评测运用互联网等信息化技术对学校、学科、班级和学生的学习成绩做出诊断分析和科学评价，包括设置常规教学质量分析功能，如总分、平均分、及格率、优秀率、良好率、最高分、最低分、满分率、低分率、零分率、超均率等；设置现代教育测量分析诊断功能，给出有效分、标准分、标准差、闪光点、薄弱点及成绩分布等分析数据。注重学生全面个性发展的综合评价内容不仅要评价学生学习的知识和技能，还要关注学生学习知识和技能后的思维习惯、思维模式、学习习惯及学习方法，更要关注学生除了学习以外的价值观、身心健康、情感、爱好特长、合作分享、心理素质等非学业表现和发展。学生综合素质评价系统以中小学生学籍管理信息系统为基础，建立多维度、多权重、多角色参与的信息化评价体系。学校直接在网上组织对学生综合素质进行自评、他评、师评等操作，系统自动对流程进行记录与监控，自动分析统计，给出评价结果。整个评价过程科学、客观、安全。

（三）注重多元评价体系：构建全方位、多视角、宽领域的综合评价模式

互联网教育背景下的教育评价从"一元化的分数评价"走向"多元化的素质评价"或"综合性评价"。互联网教育背景下实施的多元方法或手段有很多，如教师观察、提问、测试、访谈、学生档案等。但是总结归纳其最常用的评价方式有三种——自我评价、互相评价和教师评价。第一，自我评价。自我评价是指学生根据评价量化指标或评价标准对自身的行为和学习而进行的评价。它促进学生反思能力，培养学生正确认识自我、评价自我的能力，提高学生的自信心。学生自我评价需要教师进行相关设计，评价可以随机发生在教学进程中。其方式因教学目标、学习者基本情况、教学内容等而不同，常见的操作性较强的自我评价有调查表、学生自我检测、课堂展示等。第二，互相评价。互相评价是指以学习小组为单位，学习者之间根据互评标准对彼此的学习行为、学习过程及学习效果等方

面做出的评价。互评是小组成员之间的相互评价，学习小组的建立提高了学生的合作能力和交际能力，同时这种评价模式能在无形中体现小组成员间的相互影响，达到学生之间"帮、带"及培优辅差作用。第三，教师评价。教师评价是指在教学过程中教师对学生学习状况进行的评价。教师对学生进行的评价形式有很多，如对习作评定、观察、访谈、课堂学习活动评定与课外学习活动参与的点评等。通过鼓励学生积极主动参与评价，开展自评、互评活动，并采用诊断性评价、形成性评价和总结性评价相结合的评价方式，打破了传统的以知识考核为主要指标的教学评价，更加重视对学生学习过程、学习行为和解决问题能力的评价。

多元的评价工具。评价的多元化不仅体现在评价手段和评价内容方面，也体现在评价工具方面——信息技术的有效运用不仅创新和完善了原有的评价方法，也催生了许多新型评价方法，如学习契约、量规、学习文件夹等，使得教学评价更容易充分发挥对教学过程的诊断、调节、导向、监控、反馈和激励作用。

二、管理智能化：智能决策与智慧管理

互联网教育背景下，物联网技术能够提升教育环境与教学活动的感知性，大数据技术能够提高教育管理、决策与评价的智慧性，互联网技术能够增强跨组织边界的大规模社会化协同，云计算技术能够拓展教育资源与教育服务的共享性。新的技术为教育管理提供更优、更大效益的资源配置方案，给学校管理带来扁平化的管理结构，未来"学分银行"的实现将不是梦想，大数据的挖掘与合成将帮助学校实现教育的智能决策和智慧管理。在"数据驱动学校，技术变革教育"的时代，教育管理正逐渐走向智能化。

（一）组织结构：扁平化和网络化

移动互联网平等、开放、协作、共享的本质特征体现在管理中，出现了"无界的组织""高度扁平化组织"等管理形式。在教育领域，互联网技术能够增强跨组织边界的大规模社会化协同，特别是基于云计算技术能够拓展教育资源与教育服务的共享性。结构网络化和扁平化是互联网时代教育管理的新趋势、新特点和新模式。从历史的角度来看，管理经历了传统管理模式、现代管理模式和互联网管理模式等三种模式。传统管理组织的"正三角"金字塔式管理模式来源于古典管理学的鼻祖马克斯·韦伯，员工在最下层，逐级往上，顶层是最高管理者，这种管理模式阻碍了决策的速度和信息的传播；现代管理的理念源自福特时代或福特主义，主要是工业大规模生产、层级化、KPI绩效考核，但存在决策速度慢的特点；层级管理主要是严谨、规范与控制，但是互联网时代，速度成为最大的优势，而层级结构阻碍了决策的速度和信息的传播。相对于网状结构，层级结构由于是自上而下地传递信息，层级之间没有过多的联系和交流，缺乏效率和灵活性。在教育领域，教育管理的网络化和扁平化是由互联网自身所具有的高度扁平、节点相连的网状结构

决定的。互联网教育背景下的管理没有强制性的控制中心,教育管理者、教师与学习者之间高度连接、点对点的影响形成了非线性因果关系等。互联网技术发展的扁平化推动了传统科层管理向扁平化管理转变,同时互联网媒介传播也实现了扁平化。在互联网时代,每个普通人都不再只是信息的接收者,都可以作为一个社会化的新媒体,智能手机让普通人成为信息的源头。随着互联网技术和媒介的扁平化,人际关系、组织结构、思考和学习等也逐步向扁平化转变。扁平化管理不仅是由互联网技术所具有的特点决定的,也是由互联网时代高速运转变化的环境决定的。教育管理要适应高度变化的市场环境、管理环境,要以用户为中心,要随时针对学习做出不同的决策,必须采取扁平化的教育管理。

结构扁平化是互联网时代教育管理的重要特征,也是适应互联网时代的必要变革。移动互联网时代组织结构的重要特征就是扁平化、网络化、垂直化、分权化、民主化、社会化、国际化。移动互联网时代的去中心化导致每一个节点都很重要,通过节点与节点进行传播、交流、共享、互动,从而使传统的教育管理模式发生根本性变革。互联网正在通过技术和思维方式的变革,推进教育组织的变革,使教育的组织结构和管理体制发生巨大的变化,并推动着教育内部的组织结构向扁平化发展。同时,互联网将打破学校的围墙,学校的开放是大势所趋,基于互联网的教育服务将成为学校教育服务的有机组成部分,越来越多的教育服务将由其他社会机构提供,基于互联网的教育服务也将会替代学校教育中部分知识传授的功能。在互联网教育背景下,跨界融合将促进整个教育体系核心要素的重组与重构,学习的消费者、内容的提供者、教学服务者、资金的提供者、考试的提供者和证书的提供者等都有可能来自社会机构,专业化的公益组织、专门的科研院所、互联网教育企业等社会机构将成为优质教育供给的重要来源。不仅如此,互联网还可以通过降低信息获取成本、减少信息处理时间和加快信息流动等各种方式,强化学校的管理和组织效率,又进一步对学校组织结构、教育管理产生深刻的影响。

结构网络化与结构扁平化是相互关联的。结构网络化是互联网时代教育管理的重要表象,也是互联网时代的必要内容。教育管理结构的网络化是由互联网的本质决定的,互联网"平等、协作、共享"的精神不可避免地映射到单位组织的内部,网络化组织协同成为管理的主要模式。在互联网时代,教育组织结构或管理模式将从层级结构变为网状结构,与各个主体直接相连、沟通和协调。互联网推动了教育组织结构向网络化方向发展,现有的教育管理制度和教学体系将被重构,组织变革将使教学体系与管理制度变得更加开放、灵活。学校最重要的资产是数据与信息,学校将成为教育大数据生态系统的基石,班级、实验室、课本和课程是最重要的数据平台,数据的利用能力将成为学校最核心的竞争力。学校通过物联网和大数据连接各种孤岛式的系统,在教育业务流程中形成无缝的数据流,既使用数据,又生成数据。学校将为学生提供更为灵活的课程安排、更适合学生的个体需求,而不是按照传统的学期或者固定的课程结构来组织。学校将会把线上教育和生活教育融入其中,为学生提供更多的选择性、更多的适应性以及更精准的教育。学校也会开始重新设计并制定网络开放政策，建设网络校园文化和网络学习空间，提供虚实结合的跨界教育服务，实现线上线下融合的校园育人环境。

在互联网时代，互联网平台技术能够支持大规模的实时沟通与协作，促进教育组织内部重构管理业务流程，会促进组织之间进一步社会化分工，学校内部组织管理会越来越扁平化，社会教育服务组织会越来越专业化。工作与学习情境感知，实现信息、资源与服务的智能推荐，提供个性化、精准的智能服务，从传统的被动服务模式转变为以用户为中心的主动服务模式，从"人找资源"变成"资源找人"。在互联网教育背景下，新的技术拓宽了家长和社会人士参与学校教学、管理的渠道，家庭、学校、社区、社会的协同育人体系将衔接得更为紧密，教育要从单一的政府管理向利益相关者共同参与的现代学校治理转变。

下面介绍一个教育管理网络化的案例，长江教育网络社区由长江出版集团和省教育厅联合及很多实验学校组成实名制的网络教育平台，旨在促进学生自主学习、学校教学改革和教师研修，重点推动学校网络化的班级管理、课外学习和家校互动等方面的教育应用。从长江教育网络社区可以看到，教育管理的扁平化与网络化。

（1）长江教育网络社区的"人人通"。在各实验学校，以实名制登录方式，组织学生、教师和家长，建立各类个人空间（个人博客和相册等），初步实现"人人通"。组织各校班主任和教师建立班级主页，依托班级小站全面实现"班班通"。可以将学生手机和家长手机进行捆绑，实现学生GPS定位、学生上学放学管理、家长联系以及日常教学管理等功能，使家长和学校随时掌握学生的行踪。

（2）长江教育网络社区的班级互动圈。组织实验学校，以班级小站为重点，建立起以班主任为核心，学科任课教师、学生和家长的基本互动关系。首先，通过班级小站实现班级事务网络管理，包括：运用班级公告、习作布置、课程表、班级动态、班级日志、班级相册、学习成绩公布等进行管理。其次，还可以实现教师与学生、教师与家长之间的互动，包括组织远程家长会、家长学校、远程家访、群聊和私聊等，探讨网络家校合作的方式。通过讨论组、留言簿、班级博客等组织学生和教师开展课外学习活动，包括网络主题班会、专题讨论等。以教师、学生独立对话的方式，研究和实验开展网络个别学习辅导和心理咨询等活动。

（3）长江教育网络社区关于兴趣小组的建立和其他应用研究。通过建立校内跨班级的"兴趣小组"方式，开展各类学生课外兴趣活动，以及在教师指导下的研究性学习、综合实践活动等。依托班级小站和兴趣小组，实验探索分散合作学习模式。在实现事务管理和家校互动的基础上，组织实验学校开展以班级圈互动为主体的"分散合作学习"实验。

长江教育网络社区将教育管理和教育组织结构向互联网延伸，并通过互联网深刻地改变传统的教育管理和教育组织结构，以虚实结合的方式实现传统教育和网络教育的深度融合，创新教育管理模式。

（二）教学管理：智能决策与控制

信息化经历了初级阶段和中级阶段之后，现在已经进入智能化高级阶段。在互联网教育背景下，基于智慧教育中传感感知技术实现了系统的实时感知、动态控制、计算支持和信息服务，基于互联网大数据、云计算技术，通过实时采集分析数据、做出处理等使教育管理走向数字化和智能化。

在教育的智慧决策方面，教育管理者通过大数据系统可以收集与教育相关的信息，如教育资源分布以及学生成绩分布、人才供求和教学动态，学习者的出勤、学习者在课堂的专注时长、学习者的课堂互动、学习者对知识点的掌握程度、学习者的成绩、家长反馈等，并利用大数据技术对各种信息进行整理、挖掘、聚合和分析，从中获取一些具有规律性、倾向性的有用信息，进行智能诊断和分析，在诊断和分析的基础上做出科学的教育决策。

在教学过程的管控方面，教育管理者或者教师也可以通过智能感知系统跟踪课堂的状况，感知设备能感知学习的情境、识别学习者特征、跟踪并记录教学过程，随时了解师生课程的互动情况、知识点的掌握情况、学生上课集中注意力的情况，教师可以根据即时了解到的相关信息对教学进行智能控制，随时调整教学策略，进一步优化教学过程，提高教学质量。互联网教育可以通过收集和整合各种教学信息，进行科学统计与分析，并借助相应的数据挖掘工具，从海量数据中获取核心关键信息，发现隐藏的关联教学规律，为管理人员和决策者提供及时、全面、准确的数据支持。

在教育管理方面，通过教育管理公共服务平台对各级各类学校进行智能管理，可以建立安全可靠的用户数据中心，提供终身教育身份权限认证和资源需求服务。如可以对学生、教师、管理人员进行统一编号，在"一人一号""一校一码"的基础上实现唯一的身份认证。不管是教师还是学生，通过个人的身份认证均可以进行教育行政管理与服务。如对学习者实行电子成长档案管理，学分管理。对教师可以进行专业编制管理、教师资格认定、教师职称评聘、教师工作绩效考核、教师教学科研成果记载认定、教师奖惩记载、教师异动管理等，优化教育管理业务流程。此外，还可以对教师和学生提供个性化管理。如推送教学或学习的资源，电子邮件、个人通讯录、教学或学习安排、待办事宜、外出登记、文件到达提醒、短信息提醒、在线联络等。在实行统一平台管理的基础上，可以对学校各方面的运维服务管理进行图表式的统计与分析，通过数据统计、指标展现、横向对比、趋势分析，在公共管理服务平台中进行智能化的呈现，为各级管理人员的科学决策提供数据支持。

（三）学习管理：学历认证与"学分银行"

在互联网时代，互联网平台成为新的社群组织。整个世界成为地球村，不同的组织、不同的人形成学习实践共同体，并在相互交流、沟通、共享、借鉴、学习等逐步认同、宽容、包容的情况下，实现了多样化，并在多样化中推动融合互动，优势互补，实现共享发展。在互联网的背景下，教育也将无边界、无国界，突破时间和空间的限制，突破校园的藩篱、地区的差异，最终实现统一互联的学习管理。

互联网教育背景下的教育目标、教学模式和学习方式等都在不断变化，特别是教育突破学校之间的界限，突破学习阶段的限制，对学历的认证也将发生根本性变革。传统的学历认证主要是采取年限制教育，学生要通过长时间的教育，通过考试测试，才能拿到学历证书。而在互联网教育背景下，学习者的个性化学习成为未来教育的趋势，特别是随着教育平台化的发展、大数据技术的应用和人工智能的成熟，可以针对不同学习者的不同学习需求，提供针对性的学习资源和学习方式。教育的平台化能够为学习者提供海量的学习资源，以满足学习者的不同需求，大数据技术的应用和人工智能的成熟能够精准预测学习者的学习需求，并智能化地推送相关的学习资源和服务。未来的学习还将从阶段性学习向终身学习转变，终身学习成为未来的教育趋势。互联网为终身学习提供了技术支撑，终身学习也使学习者适应瞬息万变的互联网时代的必然要求，学习无处不在、无时不在，学习将向着社会化、个性化、碎片化方向发展，这在一定程度上促使学习认证方式发生根本性变革，而"学分银行"将成为未来教育领域学历的重要认证方式。"学分银行"借鉴了银行的运行体制，包括存储、汇兑等功能，但存储的是学分，汇兑的是学历和证书。"学分银行"是对学习者的各个阶段和各类学习成果进行统一管理、核算和转换的新型教育管理制度，为学习者提供获取学历教育证书、职业资格证书的新渠道，为学习者提供自学成才、获取评价和鼓励的新途径。"学分银行"为每个人建立个人学分账号，学习者通过选修互联网教育课程得到学校的学分，无论是国民教育的学分还是终身教育的学分，都可以存到个人的互联网教育学分银行。"学分银行"打通了各种教育的课程设置、学分标准、考试认证等，极大地调动了学习者的积极性，并为其带来一系列利好的教育收获。

在我国，教育规划纲要已经明确指出建设全面教育体系和"学分银行"，随着互联网教育中管理不断向智能化发展，学习者唯一身份标识认证工作的推进，"学分银行"具备了进一步发展的可行性。未来的在线教育必须回应学习对学历成果认证的诉求，这是互联网教育发展的大趋势，在当前以慕课为新兴在线教育代表的互联网教育不断发展的背景下，如何设计"学分银行"的系统呢？

（1）学习者的个人学分账户。借鉴银行的储蓄系统和功能，在互联网教育背景下，每个学习者都有一个可以伴随自己一生的个人学习账户。基于大数据的个人学习账户可以包括学习者的所有学习信息，其中就包括个人学分账户。

（2）存储系统。学习者完成课程的学习之后，也可以实现学分的存储。学习者在校内外教育机构或者在线教育平台等各类教学活动中所取得的课程学分都可以存储在个人学分账户中。

(3) 转换系统。学分转换系统是"学分银行"得以有效运转的关键。在学分转换之前,首先要实现学习者在不同学校不同学科课程之间的学分互认。在互联网教育背景下,未来的学分认证、学分互换可以将各类教育机构都转换为第三方的兑换标准。或者在知名的教育机构或者教育平台之间,由两方直接协议兑换的标准,提高学分转换的效率。

(4) 消费系统。银行的储蓄和消费分不开,对于学分,也可以借助学分的消费来实现学习积累的目的。当学分积累到一定程度,符合一定的教育或者学习标准的时候,学习者可以提出兑换的要求,申请将学分兑换为各种资质凭证,如毕业证、资格证书等。

(5) 结算系统。互联网教育存在泛在化学习的特点,学习的时间和地点都比较灵活。学习者可以利用碎片化的时间进行学习,积累到一定的时间长度之后换取学分,实现零存整取、灵活结算的特点。此外,还可以对学习者的学分进行整理和评估,为学习者的"学分银行"诚信档案建立提供支撑。

"学分银行"是未来互联网教育背景下重要的认证方式。建立学分积累与转换制度,实现不同类型教育形态和教育阶段的学分互认和衔接,已然成为未来教育的发展方向和趋势。

(四) 教育资源管理:智能检索与共建共享

互联网教育背景下,借助于云计算技术和强大的数据计算和管理功能可以实现对互联网节点上的教学资源互联,实现教育资源的共建共享。互联网教育背景下的资源系统可以高效汇聚和存储海量的优质数字资源和用户信息,为用户提供多元化、人性化的服务。在智能检索系统的帮助下,实现教师和学习者的深度整合,尤其是智能检索服务系统对学习者方便快捷地找到自己所需要的资源显得格外重要,用户通过智能检索服务,快速查找自己需要的学习资源。智能检索导航系统可以为学习者提供多种检索导航模式,如快捷检索导航、语义检索导航、语音与手势检索导航、个性化定制导航等。智能检索系统不仅精准地提供学习者想要的学习资源,甚至还可以根据身份识别系统,自动推送系列相关的教学资源,进而实现对资源的最优化组合、最便捷的获取和最个性化的服务。

互联网教育背景下的资源管理正在不断智能化,通过物联网和人工智能等技术可以有效实现对各种教育资源的智能化管理、控制和服务。电子书包可以根据学生的学习层级和特征,显示本学期教材目录,电子教案则给教师显示本学期的教材教案。学生可从云端平台下载教材,并点击阅读。教师利用服务平台向学生的电子书包推送教学同步练习,加强学生对各知识点的掌握;学生通过服务平台接收教师推送的学习资料,进行课前预习及课后复习,接收并完成布置的课后习作,提交到服务平台由教师进行习作批改。教师在教学过程中,电子教案系统可以实现资源从云端同步到教师机,也可以将优质学习资源通过教师端向学生进行推送,供学生进行课前预习、课后复习。学习资源超市系统提供的教育资源以知识点为单位,每个知识点都有自己的固定标号,也可以通过扫描二维码直接进入,方便选取、方便学习、方便转让、方便销售。学习者可以根据个人的喜好和需求，通过互联网的教育资源终端，可以像在超市购物一样，自主、方便、快捷地使用教育资源，但与在超市购物不一样的是，学习资源很多都是开放免费的。

在教育管理中，随着教学智能决策和控制的不断发展，教学过程中教育资源的即时再生性是互联网教育背景下资源的一个重要特征。比如，在师生互动结果不理想的情况下，如何调整教学策略；在学习者注意力不集中的情况下，如何激发学习者的兴趣，提高学习者的专注度和学习的沉浸性，这些教学决策就是即时再生教育资源。此外，在课堂的交互讨论中，教师和学习者创新性的观点也是即时再生教育资源。在互联网教育背景下，随着教育资源的共享共建和教学中即时再生教育资源的共享，其数量必然呈海量化增长趋势。在海量的信息中，如何快速、高质量地找到自己所需要的教育资源？大数据中的语义关联和智能检索能帮助用户解决这个问题。不仅能够实现智能检索，还可以实现资源的个性化推送。大数据系统根据用户的基本信息和搜索记录，了解用户的个性化认知风格、兴趣偏好、认知特征，分析匹配出符合用户个性化需求的资源，通过智能推送平台向用户推送正在需要或潜在需求的个性化资源。

第四章 高校 MOOC 创新扩散动因及路径

第一节 MOOC 的创新特征及扩散价值

在对 MOOC 及其创新扩散的本质内涵进行解读之后，有必要回答 MOOC 在高等教育系统中是否具有应用、革新及推广的合理性，亦即 MOOC 的高等教育价值何在，其能否与传统教学深度融合，有助于提升教师的教学水平以及传统教学和在线教学的质量。因为具有重要影响的创新事物之固有特征和价值是其能够创新扩散的前提条件，认知某一事物的创新特质，有利于减少在实现理想目的的过程中产生的诸多不确定性。MOOC 是世界开放教育历史发展阶段的新产物，不仅代表了在线教育的发展方向，而且为传统高等教育的变革创造了巨大的挑战和机遇。MOOC 自身的教育价值和带来的教育变革，有些已经发生，有些正在发生；有些是可以预知的，有些可能是迄今为止都无法想象的。因为信息技术、教学设计和教育产业的运营模式时时刻刻都在革新，在未来的发展过程中具有不可预见性，所以 MOOC 的教育价值及其潜在的教育影响也具有一定的不确定性。本章仅从破坏性创新视角对 MOOC 的创新特质及其对高等教育改革已产生的及潜在的影响进行分析，以期从客体价值层面探讨 MOOC 创新扩散的动因及内在逻辑，同时对上述问题进行解答。

一、技术创新扩散的基本属性

根据创新扩散理论，相对优势、相容性、复杂性、可视性及可观察性是创新事物的基本属性，决定了创新的被采纳速度与程度，是考察某种技术能否创新扩散的五个变量。相对优势指的是技术创新相对于原有事物所具有的先进性或超前性，创新技术本身具有的先进性或超前性越高，随之而来的不确定性和风险性就越大，其被认可的时间也就越长，但投入使用后产生的利润也越大。相容性是创新事物与现存价值观或创新采纳者的潜在需求相一致的程度，创新的预期收益越大，对采纳者就越具有吸收力，但由于考虑到创新的风险性，采纳者往往是对成本和收益进行比较之后再做出决策。复杂性指的是理解和使用某种创新的难易程度，创新事物的结构越简单，适应性越强，越容易扩散，复杂的创新往往需要经过一段较长的应用过程，方能扩散，但其一旦被采用，对于绩效的提升作用也很大，产生的收益也很高。可适用性是指技术创新在一定情景下可被使用的程度和能力，有助于促进采纳者对创新事物的认知，减少创新结果的不确定性和风险性。可观察性指的是技术创新的结果可以展示给他人的程度，亦即技术的应用效果、效率和效益的易观察性，往往与创新扩散的速度呈正向相关的关系。

从五个变量的内涵来看，相对优势和相容性是创新事物的主要特征，比其他变量更容易影响技术的扩散速度和程度。首先，人们对创新的认识具有一定的主观性，这种主观认可来源于创新的特定用途。相对优势是在技术应用的时候，人们要考虑的首要因素。如果某种技术和其他事物相比，并不具备显著的优越性，那么也将难以投入使用。在某种意义上，创新技术使用的复杂程度、可被试用程度和使用效果的易显见程度都可以作为其自身优势的一部分。另外，相容性也是促进创新扩散的关键因素之一。由于创新意味着一定程度的变革，所以技术创新应与社会系统的现实资源建设基础和制度基础，或者未来的发展需求尽可能地兼容，这样才能降低采纳主体的参与负担，使他们把参与创新和实现自我价值统一起来，在价值理念上对创新给予认同与支持，大大推动创新技术的社会推广进程，增加其在社会系统中创新扩散的机会。为此，对于MOOC而言，其相对优势及其与高等教育系统发展需求的相容性至关重要。

二、破坏性创新的特征与扩散模式

破坏性创新理论核心意义在于：当行业发展到某一阶段，就会出现破坏性技术与商业模式，瓦解主流市场，使得企业失去竞争优势，这是产业发展和企业运营的客观规律，任何行业领先者都无法回避。与维持性创新相比，破坏性创新具有四个显著特征：第一，创新产生的前提是主流市场产品或服务的性能过剩，无法为消费者提供便捷的方案；第二，创新发端于低端市场或非消费领域；第三，产品具有功能简单、物美价廉、便捷易用等特点；第四，创新组织规模较小，通常为新兴的中小型企业，它们创建了新的价值网络，重新定义了产品的质量和应用情境。

由于技术进步和市场驱动，创新扩散往往起源于消费者的需求。维持性创新的需求源于消费者对主流产品性能的不满，从而驱动企业寻求改进产品性能的技术或途径。破坏性创新的需求源于主流市场产品或服务的性能过剩，亦即产品复杂性和价格的提升，一方面使主流消费者（或中高端消费者）不愿意为过高的价格买单，另一方面使非主流消费者（或低端消费者）越来越不具备使用该产品的能力，从而倾向于对更加简单、便捷和廉价产品的消费与使用。破坏性创新对技术要求不高，一般不需要研发新技术，只是对现有技术的重组或改良，开发的新产品一开始也只是为了满足非主流用户或低端用户的需求。通常，这类群体是破坏性创新的早期采纳者，对产品性能要求并不高。新兴企业会根据早期采纳者的反馈意见，进一步改进技术，提升产品性能，当新产品能够满足大多数消费者的需求时，就会吸引市场中的主流消费者，实现大规模的创新扩散，从而形成新的主流技术与行业市场，颠覆现有的在位企业。

三、MOOC 的破坏性创新特征

作为在线课程，MOOC 的创新性不仅在于预习文本、视频、练习题、测评系统、交互式论坛与学习社区等"Online"特征，这些元素在我国 68 所网络学院的在线课程中都可找到。但 MOOC 中亦尚未呈现出任何新媒体技术的运用。那么，为何 MOOC 能引发如此广泛的关于教学改革的思考与讨论呢？2010 年，联合国教科文组织在《信息技术变革教育：区域指南》(*ICT Transfbnning Education-A Regional Guide*) 一书中指出："教育信息化需要跨越出现、应用、融合与转换四个阶段，这是由技术工具和教学方法相互发展与进化所推进的"。由此可见，教育理念与信息技术的互动发展是信息技术变革教育的必要条件。另外，网络课程的发展离不开良好的商业运营，这在 Coursera、edX 和 Udacity 三驾马车上已得到证实。今日的 MOOC 便是信息技术、教育理念与商业运作三者有效结合的产物。基于此，本研究认为 MOOC 为高等教育信息化带来发展契机，原因在于其自身具有不同于以前网络课程的创新特质，它集聚了教育学家的学习智慧、IT 专家的技术智慧与企业家的商业智慧，贯穿其创新扩散的整个过程。为此，结合破坏性创新的基本特征，讨论 MOOC 的创新特质及其对传统高等教育的破坏性创新潜力，需要考虑四个问题：传统高等教育的性能或服务是否出现了相应问题，为 MOOC 的兴起发展提供了哪些思想基础？MOOC 如何将课程从复杂的高等教育系统中抽离出来，成为简单易用、价格低廉的教学资源，其本质的教学创新和技术创新是什么？MOOC 是否具有新的非传统教育用户，以开辟新的课程市场？是否有新兴机构承担 MOOC 的运营？是否具备创建新市场的策略和持续的运营模式？依据破坏性创新理论，对 MOOC 的创新扩散过程进行分析，认知 MOOC 的破坏性创新特征，有助于对上述问题进行解答。

（一）MOOC 兴起的国际背景与思想基础

MOOC 的兴起与发展是多种因素共同推动和作用的结果。高等教育大众化时期的教育需求增加，性能过剩，成本提升，质量下滑，传统高校无法提出合适的解决方案，是 MOOC 兴起的重要背景因素。

当代高校生是个性化极强的认知主体，具有多样性的知识需求、先进技术的访问能力和高深知识的学习能力，注重学习的有效性，需要随时随地获得优质的学习资源，以满足其个性化的学习需要。然而，随着高等教育大众化进程的不断推进，高校的规模效益日益提升，优质教育资源严重稀缺，教育质量明显下滑已是不争的事实。并且，市场经济的发展使得高校的公司化倾向日益明显，教育职能不断扩展，管理与服务部门不断增设，经费开销逐渐增多，教育成本日益膨胀，学费持续提升。集中的地点和昂贵的学费加剧了教育鸿沟与知识鸿沟，教学质量和高校学费长期的不匹配，使人们难免对高等教育价值产生怀疑。

长期以来，高校都秉承这样一个假设：若教师精通某门学科，则他（或她）就能从事这门学科的教学，教师的学科知识和学术水平越精湛，其教学能力就越高，对资源投入（如师资、经费等）与学术成果（论文、项目、专著等）的量化考核，也能间接评估高校教学质量。研究水平和成果逐渐成为高校教师聘用、职称晋升的重要标准，教师自觉或不自觉地把主要时间和精力投入到科研上，忽视了教学水平的提升和教学方法的改进，过于强调知识灌输，以致不同学校、不同教师的课程很难找出明显差别，高深学问及其传递方式趋于同质化。在质量保障方面，高校又过于注重对学生学习成绩的监控，造成了教学方法的单一化和评价方法的标准化，显然无法满足学生的多元化需求。在这种情况下，MOOC恰好平衡了高校课程成本与教学质量之间的矛盾。一方面，为那些经济困难的学习者提供了能够在更开放的环境中获得优质课程资源的机会，而且是较为便宜的方案；另一方面，作为可扩展的课程资源，建立了一个多元的生态学习环境，在一定程度上取悦了学习者，满足了其潜在的学习需求，弥补了传统的单一面授模式的不足。

（二）MOOC的教育技术创新

与复杂的高校教育相比，MOOC运用信息时代的学习智慧和技术智慧将课程从复杂的高等教育系统中抽离出来，使之成为功能简单、便捷易用的学习资源，为用户提供了相对廉价的教学服务，并鼓励一切非商业用途和非侵犯版权的复制、应用和推广行为，其资源获取和应用的限定条件也很少，任何人只要有终端设备，能联网，具有一定的知识基础和信息素养，就能参与学习。

信息时代的学习科学认为学习是在真实的自然和社会环境中发生的，具有极度复杂性，关于学习的研究不仅应关注真实情境下的学习本质与生成机制，更要借助信息技术（尤其是智能技术）模拟真实情境，创设有效的学习环境，促进有意义的学习。联通主义认为传播知识的"通道"与知识的内容同样重要，学习是个体通过网络（如虚拟社区或索引）与他人不断交互的过程，这种学习观念打破了时空的界限，使得学习在世界范围内具有意义。基于联通主义的cMOOC允许对同一主题感兴趣的学习者在某领域的专家或教师的指导下通过自组织的形式连接起来，"形成合作小组，不仅在课程的学习过程中进行合作，还能在课程结束后继续合作，进而扩展到更广泛的学习社区"。行为主义和认知主义重在知识内容的传授，建立在行为—认知主义理论上的xMOOC让学习者通过网络按照预先安排的学期、课程进度和内容来学习，但和早期的"刺激—反应—强化"的教学软件不同，xMOOC通过大量的预习资料、微视频、形成性测验、自动测评系统、考试以及富有弹性的教学管理来组织课程教学，同时设有讨论区以满足师生的个别化交互，在实现"刺激—反应—强化"等学习效果的同时，进行了名校课堂的"网络迁移"，赋予了学习者一种类似于传统学校的学习环境、学习方式和师生关系。建构主义认为学习是学习者在原有知识经验的基础上，在一定的社会文化环境下，主动地进行信息加工，建构知识意义的过程。MOOC 以行为—认知主义和建构主义学习理论为基础，更加强调学习情境的多元性和学习任务的真实性，通过精细的教学设计和学习环境的建构，引导学习者在独特的信息加工活动中达成任务，解决现实问题，从事深度学习。由此可见，MOOC 汇集了诸多教育学家的教育智慧和 IT 专家的技术智慧，进而促进了其最本质教育技术创新的形成——"开放性及可扩展性"。

由于受政府保护、校友支持、学术声誉及建设成本等多方面因素的影响，传统高校一直规避开放自由的市场竞争。MOOC 是开放教育运动的一种自然延伸，其教育理念在于将本土的优质教育资源传递到世界每一个角落，在强调品牌效应的同时免费发布课程，突破人口、经济与时空的限制，使任何人都可以按照自己的意愿和计划，随时随地参与学习。这种开放性对传统高校课程与教学模式的"破坏"着重体现在两个方面：一是推动了学习方式、交互方式和教学方式的转变，强调学习者是思维的主体，强调学习者与学习内容的交互、学习者与教学者的交互及学习者之间交互的价值与作用，强调教师是学生学习的引路人和促进者，强调教学职能不仅是知识讲授，更是组织设计教学活动和提供学习支持服务，促进有效教学和深度学习。二是以较低的成本传递、共享与扩散优质的教育资源，为学习者推送更加丰富的课程内容与更加灵活的学习形式，不仅增加了学习机会，而且给予了其学习的自治权，使其主体地位得到了前所未有的重视，充分满足了学习者个性化与多样性的学习需求。

MOOC 是"扩展性技术、学习科学和复杂社会的教育需求共同作用的产物"。其可扩展性具体表现为大规模性、大数据性和模块化设计三个方面。"大规模"并非具体的学生数量，而是课程容量的可扩展性，亦即"在不对任何部分或学习活动体验造成重大破坏的前提下，课程所能容纳的最大用户数量"。由于时空、经费、人力等诸多因素的限制，传统高校课程规模扩展的同时导致了优质教育资源的稀缺，尽管具有一定的规模效益，但未能提供高质量的学习体验。相对而言，MOOC 的这种可扩展性在规模和质量上均能确保一定收益。大规模的课程容量和学习参与意味着 MOOC 教育的大数据化。传统教学的评价机制往往仅停留在学习者个体的认知层面，而 MOOC 中的大数据挖掘与学习分析不仅重视学习者个体的行为与经历，而且更加关注其群体学习特征，提倡对学习者整体变化趋势的评价与分析，并有针对性地调整教学策略，制订教学决策，以期促进学习者群体学习凝聚力、归属感和学习动力的生成与保持，建构大规模的学习群体智慧。另外，通过各种技术手段（如视频技术、移动技术），MOOC 将课程内容从复杂的高等教育结构中解放出来，使之成为简单易用的碎片式课程资源，课程内容被合理地拆分成知识点，以知识颗粒的形式嵌入到讨论主题、交互视频或学习任务等各种模块之中。这种传播方式类似于互联网时代的 U 盘式生存方式与核心竞争力，即"自带信息，不装系统，随时插拔，自由协作"。在这种设计中，各种资源不依附于任何课程体系，它们之间的组合与协同作用清晰易懂，并可在不同的教与学情景中形成多种变式，不仅有助于提升学习资源的传播速度，增大扩散范围，节约课程成本，简化教学设计，更新教学内容，使学习变得弹性、灵活，而且打破了多年来传统高等教育以课程体系为核心的互依型教育模式。

（三）MOOC 的目标用户与消费领域

MOOC 吸引了多种多样的学习者，他们承担着不同的职责，带有不同的目的和期望。2015 年 12 月 10 日，Coursera 发布了关于 MOOC 学习者及其学习成果的研究报告。该研究对 51 954 名完成了三个月或三个月以上课程的学习者进行了调查。调查数据表明，61% 的学习者认为他们获得了教育收益，72% 的学习者表示他们获得了职业收益。为此，我们有理由认为 MOOC 对于学业进步和职业发展均有帮助，其潜在用户主要划分为两类，即学业导向的学习者和职业导向的学习者。从年龄和学历构成来看，前者是高等教育的寻求者，主要群体是在校高校生或其他学习爱好者，构成了学业 MOOC 市场；后者是职业的建构者，主要群体是高校之外的在职人员，构成了职业 MOOC 市场。从学习动力来看，前者企图利用 MOOC 进行教育深造，例如希望获得学分、证书或免修预科项目资格，提高入学成功率；希望代替本校课程的学习，获取某个领域的专业知识，加深对高深学问的理解，建构或更新知识体系；探寻并确定新的学习方向或研究领域。后者表示希望通过 MOOC 迅速获得某专业领域的知识，掌握实用的工作技能，提升当前工作的胜任力或新职位的竞争力，获得升职加薪，找到新工作或者开展新事业。

越来越多的研究强调高校毕业生与 21 世纪经济社会人才能力需求之间存在差距，未来社会需要高校毕业生具有更加广博的知识体系、更高的工作悟性、开展合作与创造性解决复杂问题的能力，高等教育系统需要逐步转变，以适应不断更新的期望。在这高等教育工具化的性质日益加深，职业教育的倾向越来越明显，而传统高校尚未对此迅速做出反应的时期，MOOC 恰恰为此提供了可行的方案：一方面，满足了在校高校生多样化的学习新需求，为其巩固、更新知识体系，接受职业训练提供了机会；另一方面，吸引校外用户接受高等教育，使其不需要重回校园就能在短时间内获取高质量的课程资源，提升职业能力。由此可见，MOOC 反映了社会大众对优质教育的追求，在一定程度上满足了除高校生之外的非传统意义学习者的学习需要，从而自然吸引了高等教育领域之弱势学习群体（如非一流高校学生、职场人士及其他终身学习者）的加入，获得了新的目标用户，开辟了不同于传统学位教育的课程市场。

四、MOOC 的运营方式

目前，国际上具有代表性的 MOOC 机构绝大部分创建于 2012 年前后，属于新兴的中小型企业或教育平台。前者是营利性的商业组织，致力于与企业和高校展开合作，开辟职业MOOC市场，满足学习者群体职业培训需求；后者是非营利性的教育项目，依托于在位的高等机构，探索如何利用在线教学模式，建立跨校学分转换机制，服务高校教学，有效改善教学质量。这些机构通过提供MOOC资源，不仅发展了适合网络时代的学习理论与学习模式，而且将"互联网+"的商业理念引入高等教育领域，构建了新的高深知识产业链（生成、存储、整合、共享及应用），并为在线教育的发展提供有效的运作模式，其蕴含的商业智慧具体表现在三个方面。

第一，MOOC的实际运营是在专业化课程团队的管理与协调下展开的，这与传统课程中"一个教授＆若干助教"的团队模式明显不同。MOOC的课程团队可认为是以MOOC机构为轴心，由在线教育投资者、课程内容提供者、课程服务提供者及物理环境建设者等各种动态联动、协同创新的主体构成的教学共同体。其中，MOOC的运营机构是课程的建设者和资源的整合者，构建课程学习环境，整合所有学习资源；在线教育投资者为MOOC机构提供长期的经费资助和管理协助；课程内容提供者是授课教师及其教学团队，负责课程讲授、教学设计、教学组织与教学评价的所有环节；课程服务者为整个在线教学的过程提供服务，如课件开发、视频制作及考试服务等；物理环境的建设者包括基础设备和教学辅助工具提供者，前者负责提供保证MOOC平台顺利运行的硬件和软件，如服务器和MOOC自主产权的软件等；后者提供的是教学工具，用于知识的有效传播与共享，如Wiki、社交网站、播放器、阅读器及翻译工具等。

第二，MOOC是源于"名校名师"的高质量课程资源。建立适应性的认证机制，直接对课程本身和学习成果做出评价，以确保教学质量是其长足发展的基本逻辑。例如Coursera推出了专项课程（Specialization）证书、Udacity推出了微学位（Nano Degree）证书、edX推出了X系列（Xseries）证书，其目的都是分享优质的课程资源，促进高校与高校之间的学分转换，企业和高校之间的知识流动，保证学习者学习成果的公信力。这种成果导向的认证机制，打破了高校学位课程投入导向的间接认证机制，在一定程度上缓解了教育市场和就业市场长期存在的信息不对称的矛盾。

第三，MOOC采用了一种"免费共享＆增值服务"的商业模式。这里的"免费共享"指的是整个学习过程是免费参与的，用户可以免费学习和比较不同的课程，从而挑选出适合自己的MOOC。学习者是平等的个体，任何学习者都希望也有权力接触一流的教师，学习一流高校开设的课程，而MOOC恰恰为所有人提供了免费获取优质课程资源的机会。为此，对于那些"非顶尖"高校的学生及非高等教育消费者但又渴望高等教育的人而言，MOOC无疑是一个更能满足其知识需求的平台。然而，若要既满足学习者的知识需求，又满足其学分、证书、学位等其他需求，"免费"的商业模式恐怕无法实现。这些额外的产品和服务在MOOC的收费项目中得以呈现，包括证书或学分的授予、课程的版权费、植入性广告、雇主的学生信息咨询费、付费形式的习作评价或考试等。这就是所谓的"免费共享&增值服务"的商业模式,其成功的关键在于"产品对用户的吸引程度以及用户对免费产品的消费,而这需要提供一个平台来针对一些用户销售收费的产品或服务;当使用免费产品的用户不断增加时,对收费产品或服务的需求也相应增加了"。例如,Coursera 提供的免费课程通常不包括学分,一旦有课程被纳入高校的学分体系,这些课程就成为收费项目。对于学习者而言,"免费共享&增值服务"实际上是一种"先体验后收费"的商业模式,是对传统高校"先收费后体验"模式的一种翻转。而 MOOC 在与企业或高校展开合作的同时,也把成本从学习者转移给了雇主或高校。由此可见,优质的课程资源与免费的获取方式是 MOOC 持续吸引大规模学习者的原动力,增值的收费模式在此基础上进一步扩大了 MOOC 的市场份额,收获了高校与商业机构等伙伴,从而开辟并占据了与传统高等教育有所交叉又不尽相同的课程市场与目标用户。

五、高等教育领域 MOOC 破坏性创新的特殊性

高等教育是一种特殊现象,破坏性创新理论不能对其进行完整解释,新兴企业取代行业领先者的现象在高等教育系统中亦罕见。事实上,MOOC 的产生并非偶然,它不是激进的革新,而是现代高校教育发展趋势和思想观念的自然延伸,是高等教育日益普及与开放的必然结果。MOOC 与高校之间并非取代或彻底颠覆的关系,而是一种互利共赢的关系。

从市场影响来看,高校的主流市场是学位市场,亦即如今的高校最核心的竞争力体现在它是高等教育学位的唯一授予机构,能够为那些达到入学标准的学生提供教育服务,授予学位。长期以来,高校拥有专业化的学术团体、崇高的学术自治权力以及制度化的职能部门,从而拥有对知识技能与能力标准的认证权力,理所当然地具有学位授予的垄断地位,而且这种地位获得了法律法规的保障、政府的支持与社会的广泛认可。为此,"高校能够维持公众的信任,保证学位价值,给予毕业生社会大众的认可与尊重"。MOOC 的产品是课程,形成的是"进入高等教育学位市场的课程市场"。如果把高校比作汽车制造厂,那么课程就是生产制造的重要环节;如果把学位比作汽车,那么学分就是汽车上的零部件。汽车制造厂可以通过引进优质零部件的方式来制造汽车,高校也可以认可学生从校外获得的学分,并参照学分换算标准决定是否授予学位。MOOC 恰恰为高等教育提供了一个与制造行业类似的机会,即通过使用廉价的优质的网络课程资源提升学位质量。基于此,我们有理由将 MOOC 与高校之间的关系问题聚焦于 MOOC 对高校学位课程的影响层面,并认同其对高校课程模式与教学结构的破坏性和创新性。

从教学效果来看,MOOC 尚不能完全实现关于高深学问的深度学习体验。高等教育与其他层级教育的本质区别在于学习内容的不同。高等教育研究和传递的是高深学问,即位于教育体系上层的、突出的、深奥的、含混不清的学问,它处于已知的状态或已知与未知的交界处,深奥神秘,难以掌握。高等教育阶段的学习本身是一种产生、分享和应用只有内行才懂的高深学问的过程。高等教育的核心目标不仅是帮助学习者获得知识和信息,还

在于促进其形成能力（如语言表达能力、人际交往能力和团队协作能力）与专业精神，发展高尚品德，健全自身人格，塑造独特个性。而这只有学习者通过与教师和同伴之间的互动才能实现。"群体的支持对人们学习的内容与方法具有更加重要的意义"。目前，大多数 MOOC 的性能还仅仅体现在知识的传播上，而且过于强调"有意义的接受式学习"，忽略了反思学习、探究式学习与协作学习。而这些学习模式更有利于高深知识的获得、高阶能力的培养和学术思维的形成。从这种意义上看，MOOC 是否有利于能力和素质的形成还有待商榷。为此，只有当 MOOC 的平台功能和教学设计不断改进与完善的时候，如融入各种社会性交互软件，或采用 MOOR 等新型学习模式，建立大规模在线交互学习环境或研究环境，它才有可能给学习者带来关于高深学问的深度体验，从而真正造成对传统高等教育系统的破坏性创新。

从教学系统的性质来看，高校教学系统历来具有极强的"混合性"价值取向。高等学校是一个自为性非常高的教育系统，始终处于一种"有组织的无序状态"，具有目标模糊性、技术不确定性及人员流动性等特征。在课堂教学层面，这种技术不确定性表现为教学内容、教学方式及教育技术的多样性与独特性。也就是说，教师通常在各种教学理论的指导下运用自己的教学方法，传递不同性质的高深学问、技能及价值观；学生通常基于不同的学习需求、学习兴趣、学习方式、学习能力、学习步调及学习速度接受或建构高深知识。为此，功能单一的教学模式或课程资源在高校很难立足。MOOC 本质上是高质量的课程资源，注重"名校、名师、名课"的开放与共享，在某种意义上具有"借名得名"的效应。尽管具有诸多在线教学的优势，MOOC 仍不具备完整的学习过程和教学价值，不能完全替代传统教学，只能作为传统教学的有效补充，在一定程度上为高校开展混合教学创造了新机遇。诸多研究与实践证明，基于 MOOC 的混合教学模式具有显著效果。由此可见，MOOC 与高校教学之间存在一种互惠互利的关系，在适当的教学法和教学设计的作用下，MOOC 有利于促进高校教学质量和教师教学水平的提升，在一定程度上为高等教育系统的维持性创新带来了机遇。

基于以上分析，可以看出 MOOC 在高等教育领域的破坏性创新具有特殊性，进而形成了其创新扩散的内在逻辑。一方面，MOOC 以破坏性创新的方式创造了新的课程市场，在课程教学、目标用户、运营机制和价值网络等方面对高校学位课程系统和高深知识产业链条形成了一定的颠覆之势，短时间内实现了教育资源大规模的共享扩散，最大限度地促进了教育公平。但是，MOOC 创造的是课程市场，不是学位市场，与高校在市场层次上具有不对称性，而且 MOOC 的学习体验亦十分有限，所以其破坏力具有一定的局部效应，不能完全取代传统高校及其教学系统。只有从独立的单门课程跨越到学分系列课程，甚至是在线学位教育，同时促进有意义的学习，MOOC 才有机会对传统高等教育教学系统带来真正意义上的颠覆。另一方面，由于教学功能的互补性，MOOC 意味着在线教育对人类学习方式的创新，并逐渐应用于混合教学等多种情景，为高校教学改革创造了新机遇，有利于高等教育格局的转变，同时促进整个高等教育系统的维持性创新。

六、MOOC 对高等教育教学系统的影响意义与价值

高等教育本身是一个十分复杂的生态系统，在自组织与他组织的双重作用下形成了复杂的运行机制。为此，MOOC 对未来高等教育教学的影响是难以臆断的。本研究仅以 MOOC 的破坏性创新特征及其特殊性为依据，从高校教育教学、高校管理与服务模式和高校组织性质与文化等方面探讨 MOOC 为高等教育教学信息化变革创造的挑战与机遇，从而在一定程度上了解 MOOC 与高等教育教学系统价值追求的相容性。

（一）MOOC 对高校教育教学的影响

1. 推动高校课程教学模式和教学结构的数字化改造

MOOC 是一种具有良好的适用性和参与性的课程资源。在教学上，MOOC 的成功主要依赖于两大转变：从传统课堂向高校学堂的转变；从以教师为中心向以学习者为中心的转变。前者表现为教学模式与教学法的创新，后者表现为教学结构的转变。

（1）推动教学流程的逆向创新。近年来，"翻转课堂"的教学模式逐渐受到关注；依据学习者的知识与能力设计学习活动与课程内容日益成为提倡的教学设计方式；传统评价方式逐渐被改良，电子档案袋、同伴互评等方式得以应用；"主导—主体"的教学结构与师生角色愈加凸显……这些都是传统教学向混合教学发生转变的表征。MOOC 的兴起在一定程度上导致教学理念与教学模式的转变，尤其是教学流程的逆向创新，为高校的混合教学改革带来了契机。

针对 MOOC 与高校传统教学的有机融合，有关专家学者提出了小规模限制性在线课程（SPOC，Small Private Online Course）的理念，除用于满足课程限定条件的小规模学生（几十至几百人）的在线学习之外，还借助 MOOC 的优势对校内特定学生群体实施"翻转课堂"，改善传统教学。高校传统教学流程通常包括知识传授及内化两个环节，前者通过教师课堂讲授完成，后者通过学生课后习作或实践操作实现。SPOC 源于 MOOC，但又不同于 MOOC，它是运行机制的改造者，实现了对传统教学流程的逆向创新，其基本流程为：课前，学生通过视频材料及形成性测验，自主学习核心知识点，完成对学习内容的初步预习；课上，师生借助协同习作、现场研讨、操作演练及成果展示等活动完成对课程重难点的深度学习，进一步修正和完善个人的知识网络。与以往"翻转课堂"不同的是，MOOC 的优质视频及大数据学习分析功能，提供了获取高质量教学内容和探究教学学术的机会，弥补了传统教学的局限；教师可根据自身偏好和学生需求，选择视频资源，合理安排课程内容进度；依托 MOOC 支持传统的知识讲授，在节约成本的同时使师生把主要精力转移到更有价值的交流互动及学习分析之中，不仅促进了高校教学职能的转变，而且提高了教学的效果、效率及效益。

（2）推动了师生角色与地位的转变。MOOC 与高校传统教学的有机融合强调赋予师生

完整深入的教与学体验,在创新教学流程及教学模式的同时也改变了师生的角色与作用。首先,如前所述,和以往在线课程的教师单向知识传授不同,MOOC是以学习者为中心的教育资源,关注学习者的学习兴趣与学习需求、学习的主动性与自治权以及学习思维的建构。它实质上是一个庞大的"网络课程超市",将高质量的课程从封闭的"象牙塔"推送到了学习者面前,为其提供更广泛的课程选择空间与更具弹性的学习机制。在MOOC中,学生如同课程的免费选购者,根据自身的喜好与需求选择课程内容、主讲团队、学习时间及场所,自定学习步调,借助各种学习工具,以大规模的交互参与为主要形式自组织成学习社区,开展学习活动。其次,在基于MOOC的混合教学系统中,与教师自己制作的视频相比,MOOC的优质视频资源更能驱动学生认真准备,激发他们的学习参与度,尤其是对那些学习动机不强的学生。通过"翻转课堂",课堂之外的学习时间逐渐增加,课堂的重心逐渐向协作与交互转移,无论开展哪一环节的学习活动,都需要学生高度参与,"根据学习内容反复地与教师或同伴进行交流,以扩展和创造深度的知识",学生的主体性也在此过程中获得较高的肯定与提升。为此,在MOOC支持下的教学环境下,学生真正成为学习的主体,由原来被动的知识接受者转变为主动的自主学习者。对于教师而言,MOOC的开放性与社会性学习模式无形中给现实中的低质量课程带来了潜在的冲击,使他们越发意识到参与"网络教研",借鉴同类课程目标定位、内容选择、教学设计、评价手段、媒体运用方式与互动机制以开发高质量课程的重要性。另外,混合教学过程中讲授时间的缩短及学习时间的延长等一系列变化,都意味着教师不再是知识扩展及应用的主体与权威,需要变换自身的角色与作用。为此,教师首先是学习资源的学习者和整合者,甚至是教学团队的协调者,需要对教学资源进行学习、整合及再设计,协调整个教学过程;线上与线下,教师是学习活动的组织者、引导者和服务者,对学生的活动进行组织及指导、评价及反馈,帮助他们解决难题。

2. 促进教学内容导向的转变

传统高等教育教学倾向于知识导向,将教学过程看成知识传授的过程,强调对抽象知识的加工、记忆与提取,很少联系知识应用的具体情境,学生理解也比较困难,即使掌握了这些知识亦很难进行迁移,因此教学内容在某种意义上显得较为凝滞,更新较为缓慢。MOOC成就于"名校、名师、名课",教学内容及课程大纲并非来自固定教材,主要是教师团队关于某一领域学术成果的整合;在呈现形式上,教学内容及资源更多的是基于视频讲座、幻灯片及数字笔记等,随着教学进程或课程版本的更新,这些内容也会有所改变。根据《高等教育纪事报》的调查,MOOC教学环境中97%的教师应用原始视频,75%的教师应用开放教育资源,只有9%的教师需要购买实体教材,5%的教师要购买电子书,27%的教师应用其他教学材料。为此,MOOC环境下教学内容及资源的创建体现出一种问题导向性与知识迭代性的结合。2013年,相关学者针对传统高校软件工程课程面临的问题及挑战开设了CS169x(Soft waresa Service,云计算与软件工程)课程,同时将其应用于校内混合教学。根据 IT 公司对员工需求的调研及软件工程领域的发展状况，课程团队确定了需要讲授的软件开发方法（Saas 和 Agile）及依赖的开发环境（Rubyon Rails），并利用电子书创设了教材。据该学者介绍，这样做的好处是当发现有需要修复的缺陷或新工具时，可以立即更新所有教材版本，并应用于教学，避免了因使用旧教材而导致软件无法正常工作的问题。另外，选修本门课的校内学生还要承担为现实客户开发软件的任务，并提交到自动评分系统，以获得详细的评分结果和反馈信息，遇到困难时可以通过课堂讨论和协作来解决，从而达到扩展和创造深度知识、建构教学内容的目的。由此可见，这种教学内容的创设方式更多的是基于复杂、真实、完整且有意义的问题，并借助信息技术和混合教学的优势及时进行更新，教与学的体验是真实完整的，教学内容自然是有意义和富有深度的。

3. 推进教学评价方式的革新

教学评价的目的主要有两种，亦即对不同的学生做出比较和确定学生对知识点的掌握程度以及还需要学习哪些内容。然而，传统高等教育"批量生产"的教学模式及"标准化"的评估方式在一定程度上忽略了评价过程的互动性与评价方式的多样性，尚未很好地做到因材施教，往往只能实现教学评价的第一个目的。MOOC 采用了同伴互评和学习分析的评价方式，不仅可以使学习者获得即时评价的反馈结果，而且促进了学习者、教师及助教在教与学过程中的交流互动。另外，部分院校的教学实践表明，学习分析技术及相关评价软件在 MOOC 教学中均有广泛的应用。例如，自动评分功能明显减轻了教师对批量习作的评价负担；"Caesar 软件将习作或测验的批改任务分派给全球的校友志愿者，既充分利用了校友资源，保证了教学评价的质量，又促进了校友与学习者之间的互动，增加了其人才选拔或就业机会"；"探索性因子分析可帮助教师识别问题是否能够测试相关的知识点，以便更好地改善考试内容；利用项目反应模型可明确哪些问题比较困难，统计学生更倾向于给出的正确答案；A/B 测试可衡量哪种教学方案更有效"；学习行为跟踪及思维导图技术可诊断出学生对知识的掌握情况，呈现学习链接及知识锚点；教师可以根据学生不同的行为（链接的点击量、图片的注视时间、错题的复习率、提问与讨论次数等）描绘其学习活动轨迹，发现其学习活动的规律，选择有效的教学工具。由此可见，MOOC 不仅可以对教育群体中的不同个体进行比较，还能评价学生的学习过程和学习进度，从而帮助教师更加全面、客观地认识学生，选择有针对性的教学方法和教学策略，实施教育干预，促进其个性化学习，使学习效果的呈现具有良好的可观察性。尽管校内混合教学规模并不大，而且这些数据只有在网络环境中才能被记录、分析与表示，但教师可以借助 MOOC 的学习分析结果改善教学法，再应用于校内混合教学。

（二）MOOC 对高校教学管理与服务的影响

1. 为教学管理与研究模式的创新带来新机遇

现代高等教育教学的改革实质上是对高校教学系统的一种综合性变革，需要研究者、管理者及决策者借助数据的支持和推演，通盘考虑与探究教学系统的各个要素，得到有关教学的一般规律。如前所述，MOOC 的教学与盈利手法主要是通过对大规模学习数据的挖掘与分析，跟踪学习者的网络学习行为，探究学习者的学习规律与成长趋势，并以此调整教学管理策略。校园日常教学中产生了海量的数据，这些数据是发掘学习偏好、诊断学习问题、预测及模拟学习行为、制订教学决策、改进教学质量的依据。为此，高校可以借鉴 MOOC 这种思想，对这些大数据进行学习分析，实现对课堂教学与学生学习的数据化研究与管理，将教师教学及学生学习的每一环节实实在在地记录并展示出来，进行公平、公正与公开的评价，改革整个的教学管理与研究的方法甚至方法论，从而构建一套全新的支撑教学学术的研究方法与管理思路，不仅避免了仅依靠经验方式进行管理的弊端，而且有利于规范管理、教学与学习秩序，建设智慧教室与智慧校园，在整体上促进学校教学管理与教学研究的深刻变化。

2."非核心教学业务"的服务分离

"服务分离"业务，广泛应用于商业领域，是指企业"可选择集中或独自完成所有主要业务，也可选择致力于某一类较精通的业务而依赖商业伙伴提供其他业务"。也就是说，企业可以将自身比较重要的或精通的业务牢牢地控制起来，把一些不重要或不专精的业务通过外包等方式分担出去，在节省成本的同时获得更大的利润。MOOC 的课程资源来源于"名校和名师"，对于顶尖高校，MOOC 意味着对其部分传统教学业务的分离，如选课、教学与评价等，高校保留了作为核心的教学内容；对于非顶尖高校，常常会遇到一些课程开设的瓶颈，如不开设或开设不好某些课程，MOOC 可提供这些课程的外包服务，如可让学生通过 MOOC 学习经过认证的公共课程，拟定全新的评价体系进行考核，实现"教考分离"。无论如何，从某种意义上讲，MOOC 都具有将高校的"非核心教学业务"进行分离的功能。当然，"所有教学业务都应是高校的核心业务"，只是在这里有所区分罢了。若高校接纳了 MOOC 的这种服务，把 MOOC 纳入自身的课程系统与学分体系，那么很可能引发三种变革：一是课堂教学的变革，这在前面已经论述过；二是需要对课程与教学服务体系重新组织与规划，如学校学分制度与教学组织机构的变革；三是高校可专注自身的特色领域或精通的科研活动。

（三）MOOC 对高校组织发展与国际竞争力的影响

1. 推动高校教学组织的虚拟化

网络技术具有变现能力。如前所述，MOOC 是互联网发展的产物，凭借自身的教育智慧、技术智慧和商业智慧构建了全球化的"网络课程超市"，为每一所高校提供了各自的"摊位"，使其拥有本校的"课程店铺"。换句话说，MOOC 亦具有互联网的变现潜力，它有可能或者已经在一定程度上打破了世界高校的空间界限，使原本传统的、明确的、实体化的教学组织虚拟化。这会促使高校利用 MOOC 平台将虚拟校园和在线教学作为自身的一个发展战略,从而变革学校的教学组织形式,与全球学习者建立供需关系,以实现实体化与虚拟化双重空间和体制下的生存与发展。

2. 文化博弈的挑战与提升国际竞争力的机遇

网络技术从来都是"双刃剑",既带来了资源的交流与共享,又导致文化的博弈与竞争。高等教育具有人才培养、科学研究与社会服务三大职能,育人传承文化,科研创造文化,服务传播文化。教学是人才培养的核心环节,课程是教学的主要手段,是文化传承的重要途径。作为国际性的课程平台,MOOC在使高深学问通过互联网迅速传播的同时,亦使多元的高端文化与价值观在虚拟时空中被广泛传承。可以说,MOOC将"课程教学质量"这一高等教育国际竞争中的隐性因素显性化,并为世界建立了一个全新的开放的文化交流与共享、博弈与对决的平台,所有参与其中的高校都难以避免这一严峻的挑战——深深地根植于高校课程细胞中"潜移默化"的侵袭。为此,高校一方面需要积极地投身于全球化MOOC市场,开发优质课程资源,发展在线教学,提升自身的国际竞争优势,应对文化的挑战与博弈;另一方面,高校将MOOC纳入自身的课程体系,是"引进来"的过程,亦是"走出去"的过程。在国际性开放的环境中通过MOOC进行本土的民族精神与高校文化的输出,提升自身的国际声誉与地位,是每一所高校千载难逢的发展机遇。

通过以上讨论,本研究认为MOOC的发展昭示着高校的教学模式、管理模式和组织模式的革新。鉴于高校的组织特性、信息社会学习个体的差异性和个性化发展的需要,高校的教学革新必定朝着混合模式的方向发展,基于MOOC的混合教学是对此进行的一个积极的、有意义的探索,在一定程度上促进了不同教学方式的融合和高校职能的转变,为学习者的个性化学习提供了支持与服务。作为新兴的课程资源,MOOC与高校的教育理想具有一定的相容性,对高等教育教学系统的变革发展颇具价值,其实践发展不应是"能否颠覆"的问题,而是"如何融合"的问题。为此,推进MOOC在高等教育领域的创新扩散具有一定的合理性和必要性。

第二节 高校 MOOC 创新扩散的路径选择

一、引进与建设:专业性与聚合性相结合

从开放性和可扩展性上看,MOOC很好地延伸了"规模"这一向量,从课程资源、教学模式、学习方式和教育服务等方面为高等教育的教与学增添了越来越多的选择机会,不仅以学习者为中心,根据其各自的学习需求、动机、兴趣与爱好,为其提供免费学习、自由选择、自主探究、相互协作及成果认证的时间与空间,同时为教师利用互联网技术生成

与共享新的课程模式与教学设计带来了机遇。无论是教师还是学习者，乃至教学管理者，都深切、直观而又个性化地感受到了这种影响，肯定了MOOC"大规模"的创新价值。为此，引进与建设优质的课程资源是推进高校MOOC创新扩散，深化教学改革的重要前提。根据创新扩散理论，在原则上需要把握资源引进的专业性与平台建设的聚合性。

（一）有针对性地引进国际高质量的MOOC资源

MOOC打破了传统教育的时空界限，造成了国际名校名课的大规模共享扩散，为弥补我国教育资源的不足提供了机遇。我国需要在遵循国际开放教育的发展逻辑，引进且充分利用国际优质MOOC资源的基础上，借鉴国外先进经验，融入中国特色元素，有所变革与创新，打造中国式MOOC平台，从而吸引更多的教师和学习者加入进来，推进高校MOOC的本土化建设、应用与发展。根据创新扩散理论，中心化扩散是一种"专家—用户"的自上而下的系统模式，技术专家在其中充当了创新代理人的角色，通过技术推进与学术研究明确已有创新的扩散效果，并对整个扩散进程具有一定的控制作用，不仅有利于创新扩散速度的提升，而且保证了创新成果的科学性与专业性。高等教育的功能在于"传递深奥的知识，分析、批判现存的知识，并探索新的学问领域"。高校需要围绕高深学问，"用新理论、新知识、新技术更新教学内容，调整专业培养目标和建设重点，优化人才培养方案，推进教学改革，提升学科优势特色与专业集中度，以实现对传统学科专业的更新升级"。为此，通过知名教授、学科专家、教育管理者、教育技术专家及行业精英的共同参与和专业支持，引进、加工、改造与应用国际优质MOOC资源及其实践模式，以确保国内MOOC共享扩散、平台建设和教学改革的科学性与专业性，维持高深学问的前沿性与适切性，促进高校办学水平的提升与学科专业的转型升级，显得十分必要。

首先，鉴于创新结果及其影响的不可预期性，采纳创新之前需要对其进行价值预判。通过对相关信息的搜集，可以减小理想目的与现实结果之间的不确定性，如创新的主要特征是什么、如何应用及其有效性等。为此，深刻理解MOOC的本质特征，充分认识MOOC的实践意义，并在此基础上汲取相关专家的推送建议，预测其中可能存在的成本风险、教育价值与经济收益，是选择并引进国际优质MOOC资源的重要前提。这不仅可以保证MOOC的质量，优化课程平台，促进教学改革，提升办学水平，汇聚颇具规模的学习者，而且在一定程度上协调了我国对国际优质课程资源的渴求与审慎引进之间的心理矛盾。具体而言，需要从三个方面对其价值进行考量。第一，审视MOOC的学术性与适切性，如某一（类）资源在教育、技术及运营等方面是否具备学习与借鉴价值？是否能满足学习者的学习需求？是否体现了学科与专业特色？引进成本与渠道是否存在困难？等等。第二，需要将国际MOOC与我国高校的发展目标联系起来，充分结合高校实际，着重从以下指标对所引进的课程资源进行评价，主要包括办学特色与学科优势的凸显度、课程内容的更新度、教学模式的创新度、教学质量的提升度、校内外学习者对国际优质资源的接受度以及教师教学水平和教学学术能力的达成度等。第三，应考察国际 MOOC 资源对国内平台建设的影响情况，如是否有利于优化课程资源，吸引更多的学习者，增加预期收益或提升市场竞争优势等。

其次，需要对引进的资源实施再创新，使之具有中国特色。国际 MOOC 资源大部分来自国外开放平台，学习者可以通过在线访问免费获得，若不对其进行改造加工，则引进的价值并不大。为此，对这些资源的改造不能过于简单或直接推送，必须要精细加工。研究表明，"语言是影响当前中国学习者深入而全面地参与 MOOC 学习的主要问题之一"，所以主讲教师和辅导教师首先要学习课程的全部内容，并联合学科专家、翻译组织及志愿者组成 MOOC 翻译团队，翻译课程视频，同时利用各种方式为学习者提供实地的学习支持服务，通过学业指导帮助他们深入理解教学内容，建构知识体系，引导学习者对国外高校的文化思想与学术思维模式进行甄别、选择与判断，形成个人的独特见解。另外，还可以基于 MOOC 创建的由中外教师构成的教学团队，在学习国外网络教学经验的同时探索中外合作教学模式及相关的教学学术，并为学习者提供与外国教师进行交流的机会，以更好地促进其有效学习。

最后，需要对整门课程的教学效果进行形成性评估和总结性评估，获取教学经验，从而以此为依据优化下一轮的课程教学。

（二）建设中国特色的生态化 MOOC 资源

研究表明，"感知有用性和内在动机对 MOOC 用户的持续使用意愿有显著影响；期望确认对感知有用性和内在动机有直接影响；MOOC 的内容质量对感知有用性和期望确认有直接影响，并通过这两个变量对持续使用意愿产生间接影响；社交化互动对期望确认存在显著正向影响；自主性对感知有用性有直接影响，并通过感知有用性对持续使用意愿产生间接影响"，为此，设计开发优质 MOOC 资源，不仅应提升 MOOC 的内容质量，增强用户的感知有用性，而且要创建社会性交互环境，为学习者提供互动性的学习支持，通过师生主体间的协作与交流，提升学习者的主体性与自主学习能力以及教师的社群影响力，保持他们参与 MOOC 活动的内在动机，进而汇聚越来越多的教师和学生，产生一定的聚合效应。

xMOOC 为"互联网 + 教育"提供了可操作的实践模式，创建了在线课程交易市场，使顶尖高校的优质课程资源由相对分散变得相对集中，在世界范围内最大限度地促进了资源共享与教育公平。cMOOC 基于联通主义学习理论，构建了网络分布式认知学习模式，为在线教学的发展指明了努力的方向。其中，xMOOC 较为注重课程内容的传授以及学习分析的教学方法与盈利途径，忽视了高等教育过程中的社会性互动，尽管吸引了大规模的学习者，但不易形成持续的师生聚合效应；cMOOC 提倡学习和评价的社会性与自组织性，但不具备可行的运营模式。由于课程设计的作用层面不同（前者重视环境建设，后者重视教学设计），两种 MOOC 不仅不相互排斥，而且具有一定的互补性，相互结合会更有效。基于此，本研究认为可汲取国际 MOOC 的成果与经验，从教学环境和教学法两个方面出发，设计开发体现中国本土教育思想与学习文化的生态化 MOOC 资源。

第一，以生态教学论为基础，构建 MOOC 教学环境的生态系统。首先，生态教学论把教学系统视为由教学理念、教学主体和教学环境等多个要素共同构成的完整教学实体，承认教学活动的复杂性，认为任何教学理论（行为主义、认知主义、建构主义、联通主义等）只能从某一层面对教学规律进行诠释，各种理念的价值取向既不同又互补。MOOC 并非传统教学的"网络搬家"，其教学活动亦较为繁杂，所以需要在整合各种理念的前提下，综合运用多种教学模式（讲授式、探究式、协作式及任务式等），构建多样化的学习路径，以不同的形式呈现课程内容，促进有效教学的发生。其次，根据生态教学论，教学环境具有自组织性与多样性，师生都属于教学主体，异质、多元、民主、平等，为了同一任务目标自发组成教学共同体，通过自主探究与平等对话的方式促进知识意义的建构与主体性的塑造。为此，要重视师生之间的同步交互及学习者与学习内容之间的深度交互，构建开放联通的社会化 MOOC 学习环境，充分发挥学习者的主体性和自组织性，使其具有更多的自我意识组织学习活动，并针对学习行为进行更多的评价、反思与调节。再次，在生态化教学环境中，教师的教学实践与学生的学习经历依托于具体情境，需要借助各种资源获取教学材料与学习信息，选择并同化与特定情境具有关联的信息，同时通过有效的交互形式向环境输出信息，推动知识共享与资源共建；生态化教学环境应具有一定的弹性适应功能，可以支持个体的不同需求与特征，为其提供个性化服务。为此，要充分利用信息技术的优势，汇集丰富的数字化学习资源，构建支持多终端的学习系统，将教育服务从单一的 MOOC 平台扩展到日常学习环境，促进学习支持服务的常态化。最后，还需要采用多元化的评价方式，提升过程性评价的比重，注重及时反馈，增强学习者的内部学习动机。

第二，将具有中国特色的教育文化与教学法融入 MOOC 教学设计与教育实践的各个环节。"以孔子为代表的先秦儒家学说，在教育目标、教育作用、教学对象、教学内容、教学过程及教学方法等方面已形成较为系统的思想理论，至今仍在各级教育中发挥作用，不仅为中华民族教育思想体系的建立奠定了坚实的基础，而且在世界教育领域也有其崇高的地位"。从教育发展史来看，孔子是中国本土学导式教学法的创始人，其教育教学经验已在多年来的教学实践中获得进一步的丰富和发展，归纳起来，主要包括四个方面：一是通过平等对话的方式（如问答式）引导学习，如《论语》就是孔子与诸弟子之间关于"仁、礼、政"等问题的讨论；二是营造和谐、民主、开放的教学氛围，如"有教无类、教无定法""当仁，不让于师""三人行，必有我师焉"等；三是重视激发学习者学习的主动性，如"不愤不启，不悱不发"等；四是启发学习者独立思考，培养其思辨能力，如"学而不思则罔，思而不学则殆"等。从内涵上看，这些思想与方法不仅契合生态教学论的若干原则，而且与开放教育理念和高深学问的建构方式相对一致，亦具有一定的操作性与有效性，因而可应用于 MOOC 日常教学设计与教育实践之中，为中国式 MOOC 教学质量的提升与本土特色的形成以及国际 MOOC 实践模式的创新提供理论指导与现实依据。

二、应用与实践：革新性与共享性相结合

MOOC 从革新性与共享性两个方面延伸了传统高等教育"铁三角"之"质量"这一向量。一方面，MOOC 的兴起带动了在线技术在高等教育领域不断渗透，"以学为中心"的教与学、知识共享和大数据学习分析日益成为高校教学模式、管理模式与服务模式变革发展的动力，推动高校构建学习型组织，促进教学改革，提升人才培养质量；另一方面，MOOC 面向全球大规模学习者共享课程资源与学习内容的同时，以破坏性创新的方式延伸了高等教育的认证范围，将学习成果从正式的高校学位、官方的技能证书及从业资格许可扩展到非正式的课程学习效果，将认证方式从现实扩展到虚拟，将认证空间从线下扩展到线上，不仅增加了学习者扩充知识技能的机会，并为其提供了更加多元的学习凭证，而且推动了高等教育评估与质量保障取向从投入向产出发生转变。

（一）构建学习型组织，重塑高校教学生态系统

根据彼得·圣吉（Peter M. wenge）的描述，学习型组织是"通过培养弥漫于整个组织的学习气氛，充分发挥员工的创造性思维能力而建立的一种有机的、高度柔性的、扁平的、符合人性的、能持续发展的组织"。它涉及建立愿景、团队学习、改善心智、自我超越和系统思维五项要素。基于此，高校的学习型组织应具有如下特征：以高校生个体发展为共同愿景；师生之间是利益共同体关系，通过社会性协作与交流促进学习；教学氛围与学习文化民主、和谐；管理与服务机制弹性化，能够主动识别与感知高校内外环境变化，灵活应对各种挑战。研究表明，作为学习型组织的高校与高等教育信息化之间是一种互惠互利的关系："一方面，后者为前者的内部学习、交流协作与知识共享以及外部信息沟通创造了条件；另一方面，前者为后者的持续发展提供了文化与制度上的环境支撑"。为此，通过 MOOC 与高校课堂教学及学习服务的深度融合，促进教学结构与模式、教学共同体、教学管理以及学习文化四个层面的变革，以构建高校内部的学习型组织，既可以促进 MOOC 在高等学校的创新扩散，也可以对高校教学生态系统的信息化革新具有一定的推进作用。

1. 以 MOOC 应用为契机，推动高校教与学模式的创新以及师生角色的转变

如今，我国高等教育信息化已进入"应用—融合"的过渡阶段，提升教育信息技术应用能力是这一阶段的主要任务。对高校而言，着重表现在信息化背景下高校教学模式和学习模式的革新，乃至教学结构（如师生角色）的转变。所以，高校应把握 MOOC 的应用契机，以促进学习者个性化认知发展为核心目标，结合办学特色，创造性地利用以互联网为基础的信息技术手段，探索新的教学模式，提高教师教学水平，同时帮助学生建构信息

化学习方式与学习思维,增长其自主学习能力,从而提升人才培养质量。如前所述,无论是传统教学模式,还是基于MOOC的教学模式,都有其优势所在。实质上,"MOOC与传统课程并非二分对立,有很多理论支撑、方法性指导在两类课程设计与实践中是通用的"。为此,高等教育的课程教学模式不应是单一的,而应是多样的、混合的,亦即通过MOOC等优质资源与传统教学的有机融合实现"虚拟与现实、主体与环境的双向建构"。另外,从教学结构层面上看,教师是高校教学的主体,其学科知识水平、科研素质和教学能力在教学过程中具有极其重要且不可替代的作用,MOOC的发展有赖于名师的努力。全面深化高校教学改革,主要取决于教师教学水平的提升。为此,高校应首先建立具有信息化教学意识和服务意识的师资队伍,并采取措施创建宽松开放的教学环境,变革长期以来"重研轻教"的教师评价制度和教学工作量的管理制度,如将教改项目纳入教师的科研成果以协调教学与科研之间的矛盾,通过教学激励机制鼓励教师积极地学习并尝试应用MOOC,基于部分整合和全部整合等多种方式,创新校园混合教学模式,为学生个性化学习提供指导与服务。其次,MOOC支持下的混合教学在教学主体及流程方面对传统高等教育教学系统造成了不同程度的翻转,进而推动教学时空和课堂教学的重心发生了一系列的变化:教师教学时间越来越少,学生学习时间越来越多;课堂教学的重心逐渐发生偏移,基础知识的课堂讲授被课下的自主学习所取代,协同习作、小组讨论及成果展示成为师生互动的主要形式。在这种教学环境下,师生角色与地位产生了一定的变革。教师更多的是由台前转移到幕后,由"领衔主演"转变为整个教学团队的"导演",学生则成为"演员",甚至是"主角","搭好台、让演员唱好戏"是"导演"的主要职责。为此,教师不仅要能传授知识,更要会改造知识,具备知识传播的学术,即教学的学术,从传统课堂的教学者转变为教学学术的研究者、学生学习的引导者和教学团队的管理者。一方面,需要改变思路,以学生学习为中心,将学生学习活动规律与生成机制作为教学研究的突破口;另一方面,要根据学校的人才培养目标,选择、改造MOOC的视频内容,而不是照搬名校课程,与此同时,组织并协调校际或校内教学团队,借助MOOC混合教学的优势透析有意义的学习模式并调整教学设计,提升学生在整个学习过程中的主体性、求知欲及表现欲,促进其知识内化与深度学习。

2. 基于MOOC建立社会性的教与学共同体

在MOOC(尤其是cMOOC)支持下的教学环境中,资源提供者、共享者与学习者之间并没有绝对的界限,亦非单纯的、自上而下的师生关系,而是一种教与学的利益共同体,彼此之间是相互关联、相互共享及相互贡献的关系。基于此,高校教学系统中每一个成员(尤其是教师和学生)都是教学的主体,且为异质的个体,每个人都是具有话语权的"专家",都应获得尊重,需要在民主、平等、和谐的交互氛围的基础上,建立师生之间、教师之间和学生之间的教与学共同体,既包括教师社群和学生社群,也包括校际社群与校内社群,还包括正式学习社群和非正式学习社群。一方面,共同体成员可通过各种形式的

MOOC教育实践，在社会性的协同、讨论、批判、质疑与反思过程中，实现对高深学问的同化与共享、生成与创新，促进深度学习的发生；另一方面，教师和学生可借助MOOC平台的开放性，分别形成正式或非正式的教与学团队，在校内外开展教研活动与学习活动，获得信息化环境下的教学或学习方法与工具支持，进而提升自身的教育技术应用能力或学习能力，改善教学或学习体验，并将教学或学习欲望转化为主动传递或建构知识的行为，使MOOC的教与学经验扩展到更广泛的学习社区。

3. 推动教学管理机制的转变

"高校是一个共享思考过程的地方，教学是与外部社会进行永恒对话的过程"。MOOC支持下的教与学模式以及学习型组织源于信息时代学习者新的学习需求。一些高校教师属于采纳MOOC的早期大众，具有信息化教学的创新意识与服务意识，能够识别MOOC价值，适应MOOC教学环境，应用MOOC为学生服务，而相当一部分教师却仍未感知到这种需求和变化。为此，高校需要通过教学服务体系及管理机制的信息化变革，实现对教学系统的"循数治理"，提升广大教学主体对外部环境变化的感知与识别能力，并积极采取应对措施，以提升对优质资源的应用能力，促进MOOC的常态化发展。首先，高校要成立独立的、在功能上与原有教学机构有所区别的部门（如MOOC研究院），专门负责有关MOOC的信息化教学事务，推动并协调学校之间、院系之间、教学主体之间的协同合作，对外处理好课程资源"引进来"和"走出去"的关系，对内促进课程的提案、设计、开发、应用及评估等环节的实施。其次，部分信息化教学管理人员同样需要研究信息时代的学习科学与教学学术，并考虑课程与教学法的适配问题，明确哪些课程适合在线教学、哪些课程适合传统教学、哪些课程适合混合教学，优化课程教学体系。再次，改革高校公共教学服务机构（如图书馆、网络中心或教学技术中心等）的功能，实现各部门功能的有机整合，创设教学改革的服务环境。最后，在教学管理过程中引入大数据的管理方法和方法论，充分运用MOOC数据挖掘、学习分析的技术优势和潜力，支撑教学学术研究及日常的教学管理与评价，借助数据的支持与推演，通盘考察高校教学系统各要素的差异及变化，预测其动态发展过程与规律，得出有价值的推论，使数据背后的隐性问题显性化，从而采取应对的教学决策，实施有效的教学干预。

4. 构建开放的学习文化

高校学习文化是由高校教学组织成员集体创造的，包括学校的教学理念、教学制度、教学模式、教学组织形式、师生的教与学思维、风格与行为习惯等内容以及对这些内容具有潜移默化影响的基本思维模式及核心价值观。它对整个高校教学系统的外部适应与内部整合的觉察、思考、感知与行为方式具有引领作用。近十年来，中国网络课程的规模可谓十分可观，但在高校中的影响力却异常有限，既未引起大多数师生的应用热情，亦未引起管理人员的足够重视。这在一定程度上影响到高校师生教与学的诸多特性，如教与学的基本范式、学习习惯、认知风格及对学习价值、规范与态度的认识，甚至学习环境的建构意识，间接延缓了我国高等教育教学改革的进程。而无论是教学范式、学习习惯，还是学习风格、学习态度……都属于有关学习的意识形态，即学习文化范畴。MOOC 的创新扩散过程实际上是一种课程资源的校际共享与应用的过程，甚至是教学模式的国际化协同创新过程。这意味着学校之间界限的弱化、优质课程资源的开放共享已成为时代发展的必然，学习文化由封闭走向开放势在必行。为此，对我国高校而言，首要的是抓住 MOOC 提供的机遇，运用信息技术和学习科学，从课程层面打造全新的高校学习文化，建立开放教学战略、协同创新机制与信息公开体制，逐步形成共享教学理念与教学资源的文化传统，对外起到学术交流、思想引领与提高声誉的作用，对内起到知识共享与互动合作的理念导向作用，从而建立具有开放教育理念的教师团队与管理队伍，培养学生终身学习的意识，彻底改变传统的以知识灌输为主的教学思维模式，实现课程教学资源的优化配置，培养信息时代的名师与优秀学生，让国际社会领略中国高校的风采和中华民族的高端文化。

（二）促进优质 MOOC 资源的扩散共享

如前所述，高校 MOOC 的建设与应用以及本土化扩散，其目的除了满足人才培养、教学改革及教师发展的内在需求，还包括肩负社会服务、文化传播的历史责任，即对外开放共享本校特色的课程资源，使高深学问惠及普罗大众，促进教育公平，提升社会公民的整体素质，同时增强自身的学术声誉与社会影响力。高等教育学位市场中"未消费群体"与"过度消费者"的出现，为基于 MOOC 的破坏性创新提供了机会。探寻这一类学习群体的教育需求，培植潜在的目标用户，通过有效的服务模式让他们认可与采纳，并逐步在同行之间传播与推广，是促进 MOOC 在我国高等教育领域非中心化扩散的有效路径。从某种意义上看，MOOC 的潜在用户是渴望获得高等教育的所有人，他们拥有传统高校无法满足的学业需求和职业需求。为此，高校 MOOC 资源的扩散共享主要体现在学业 MOOC 和职业 MOOC 两个方面。

1. 构建联盟发展的扩散模式

我国高校办学水平在地域上差异较大，教学资源分布不均，人均高等教育资源极其缺乏。MOOC 的高等教育价值集中体现在资源共享与教育公平两方面，所以可被看作解决上述问题的一种创新。但无论是学业 MOOC，还是职业 MOOC，其与我国高等教育的融合与发展都需要一个模式构建与创新扩散的过程，为此，建立具有中国特色的课程联盟模式，正是 MOOC 资源共享扩散及教学法应用推广的必然选择。首先，基于 MOOC 的课程联盟应是多层次、多类型、多主体和多产出的教育系统，既分为区域联盟、同类高校联盟、学科及专业联盟以及企业与高校联盟等不同类型和层次，又能够提供多种学习结果（如学位、微学位、学分及证书等），还有赖于高校、企业、政府、教师、学生、行业专家和社会大众等多元利益主体的深入参与和跨界合作。其次，构建 MOOC 联盟的目的不仅在于汇聚并整合能够体现学科优势、专业愿景与行业特色的课程资源，实现优质 MOOC 的共建共享,更在于生成 MOOC 资源共享、联盟运营与应用推广机制。例如,跨校选课与学分转换机制、课程教学规范与模式、MOOC 的市场运营模式、课程质量保障机制、加盟机构条件与资质认证机制、教师授课资质认证机制、机构的协作关系及利益共享机制等。这样一来,可以在达成共识的基础上促进 MOOC 的标准化发展,并使会员高校基于共同或相似的办学目标,有针对性地为学习者推送课程资源,进一步增强 MOOC 的聚合效应和扩散效应。

2. 创设基于 MOOC 的学位教育,促进高等教育公平

在我国,由于高考、经济、家庭与工作压力等原因,很多人失去了就读理想高校或专业的机会,未能接受优质的高等教育,无法达到其能力所允许的教育高度。为此,有必要借鉴国外高校与 MOOC 平台的教育思想与实践经验,创设基于 MOOC 的学位教育,推进高等教育公平,增加教育红利和人才红利。首先,创建在线专科或应用型本科教育,一方面,为高考失利的学子提供入学机会;另一方面,使部分本科生可以跨校选课,获得混合学位。其次,创办在线专业硕士学位,满足具有本科学历又暂时无法回归校园的学习者提升学历、进一步深造的教育需求。这需要在招生环节,扩大生源范围,设置严密的入学标准,保证生源质量;在培养环节,借助国内顶尖高校的教学资源以及 MOOC 在线教育的优势,把传统课堂的知识讲授转化为以探究学习、项目学习和协作学习为特征的在线课程;在教学管理环节,降低学位教育成本,实施弹性化的选课机制与收费机制。

(三) 发展职业 MOOC,培植新的学习群体

根据调查,中国 MOOC 的学习者主要由在校高校生构成,在职者比例不高。由此可见,目前我国 MOOC 的影响力主要集中在学业 MOOC 市场,对职业 MOOC 市场影响甚小。如今,我国正处于社会主义建设转型的关键时期,产业结构的转型升级推动了社会经济结构和劳动力就业结构的大幅度调整,对应用型人才的规模和层次提出了双重需求,迫切需要打开高技能人才的升学通道,突破地方应用型本科院校的发展困境。为了加速高等职业教育的发展,创建合理的高等教育结构,改善办学条件,提升教育质量,培养大规模的应用型人才,2015 年教育部启动了部分地方本科高校向应用型技术高校的转型试点工作。其中,课程改革既是转型的难点,也是关键环节,同时也为中国职业 MOOC 的发展创造了一定的契机。为此,首先要鼓励名牌高校、应用型技术高校与知名企业之间的合作,根据办学条件、学科特点及地域优势,联合设计与开发特色的职业 MOOC,立足所属区域,同时辐射全国,一方面,用于培养在校学生的专业技术能力,缓解其就业压力,同时为企业提供学生学业表现的第一手信息,增加其就业机会;另一方面,吸引企业在职人士参与学习,满足其在任何时间、任何地点都能够接受短时期的高等教育的需求,提升职业能力,从而在职场中获得竞争优势。其次,开发课程难度或专业层次较低的 MOOC,并应用于"农远工程",加强对农民工的职业教育。如果不是时间、信息、空间、资金、项目和制度

等因素的限制，农民工早就是中国非传统高等教育生源的主力军，他们形成了中国巨大的潜在的非传统教育市场。中国职业 MOOC 的发展，在一定程度上将会为其提供教育的新机遇，使其成为中国开放教育最大规模的潜在学习者与受益者。

三、管理与服务：新的价值网络与制度支撑相结合

MOOC 与"铁三角"之"成本"向量具有一定联系。原因在于 MOOC 基于互联网成功开启了"免费共享＆增值服务"的商业运营模式，促进了高等教育服务及相关成本的分离。这里的服务分离主要指的是学习环节与认证过程的分离。也就是通过"课程设计、开发、传递、支持、评估及成果认证等环节的潜在分离"，将高等教育成本"化整为零"，逐步实现学习经历的个性化和教育提供机构的日益分化。由此可见，MOOC 的开放性、可扩展性和联通性正在以"破坏性创新"的方式对传统高校封闭的教育体系与管理机制提出挑战，试图重构高等教育管理模式与服务体系。对于我国高等教育而言，信息化教学改革长期面临的一个根本问题就是一贯追求信息时代的教学改革目标，却没有与之相匹配的高等教育制度，亦即仍在原有的传统教学体制下研究新问题。而这势必会导致多样化、深层次的教育需求与现行教育制度之间矛盾的激化以及教育成本的持续增加。因此，为了削减 MOOC 教育实践产生的不必要成本，从中获得最大效益，促进其本土化的创新扩散，必须改革现有的价值网络与教育制度，构建开放的高等教育管理模式与服务体系，并促进其与高校实体教育制度之间的良性循环及相互融通。

（一）创建服务平台，重构价值网络

基于创新扩散理论，在中心化系统扩散模式中，扩散系统往往需要明确扩散的创新内容、扩散渠道以及决策扩散的目标对象等基本问题，即有关价值网络的问题，从而发挥"自上而下"的导向作用。另外，在现实中通常可以设置"中心化的协调机构或协调员"，而决策过程则利用非中心化的扩散形式，让使用者对待扩散的创新有所选择，再做出决定。根据相关学者下的定义，"价值网络是一种新的业务模式，它将顾客日益提高的苛刻要求和灵活以及有效率、低成本的制造相连接，采用数字信息快速配送产品，避开了代理高昂的分销层，将合作的提供商连接在一起，以便交付定制的解决方案，将运价提升到战略水平，以适应不断发生的变化，企业若想获得持续利润，就需要树立以客户为中心的思维，改变传统价值链的方向"。为此，价值网络可被看作是企业确立其成本结构及运营过程的环境，规定了企业的商业模式、技术范式、经济发展的动力与流向以及创新的目标和节奏。在此环境中，企业与供应商和渠道商通过彼此合作，以满足消费者的普遍需求并实现盈利。MOOC 是高等教育领域的破坏性技术，其核心破坏力表现为将在线教学与网络商业模式结合起来，创建了新的课程市场，打破了传统高等教育的知识产业链，满足了学习者新的学习需求。事实上，MOOC 已经推动了以"学"为中心的教育技术的创新；更加依

赖学习科学，注重学习规律的研究与应用；更加强调开放学习，打破人口、观念、经济和时空的限制；更加注重对学习成果的认证，将学习产出与教育投入进行分离；更加强调学生学习的自治权，重新定义师生角色，推动权利由教师和管理机构流向学生。由此可见，MOOC已初步形成了自身的独特竞争优势。在现有学位课程模式的基础上创建以"学"为中心的价值网络，改变传统高等教育产业价值链的方向，是推动MOOC逐步走向成熟，提升核心竞争力的关键。政府是教育方针政策的主要来源，但不具有制度的操作性和例行性；高校是优质课程资源的主要来源，但不具有教育产业的市场性和商业性；企业是市场或技术的主要来源，但不具有高等教育的公益性和学术性；学生是学习主体的主要来源，但不具有学习资源的集结性和管理性。为此，需要以构建学习型社会为目标，并以提供信息化学习体验为导向，建立互联网教学的公共管理与服务体系或平台，行政府、高校、企业和学生不能行之事，以此平台为枢纽，集结各种优质资源，打造"课程超市"和"学分银行"，向高校、企业、学习者推送相应的教育服务或信息服务，协助政府推动网络时代高等教育服务产业的发展，弥补大多数高校因经费不足、师资匮乏及学科局限而无法建设MOOC的问题，为学习者提供廉价优质的学习资源。

（二）建立开放高等教育的制度支撑环境

开放的高等教育环境需要硬环境和软环境两种系统进行支撑。其中，硬环境主要指的是开放高等教育的物理环境，如基于网络和大数据的技术环境，这种环境的建设主要依赖技术的发展和资金的投入，只要条件成熟，便能顺利实现；软环境主要指的是开放高等教育的制度环境，涉及信息时代高等教育体制机制的变革，综合程度和复杂程度颇高，亟需反复的理论推演与实践探索。为此，提供制度保障是构建开放高等教育管理模式与服务体系的重要环节，亦是促进高等教育教学改革的难点，也是推动MOOC建设、应用与推广的瓶颈制约。有关学者认为，开放教育服务体系具有四个基本特征：多种教育形式与学习方式的有机融合；消费者驱动的个性化服务；汇聚具有教育价值的所有知识，供学习者选择；互联网行业对教育实践的深度参与。基于此，以创新扩散理论的扩散原则为基础，从汇聚性、融合性、多样性和协同性四个方面构建开放高等教育的制度环境，不失为推进我国高校MOOC本土化发展与创新扩散的有效路径。

1. 建立开放健全的质量保障体系，汇聚优质的课程资源

根据创新扩散理论，由于技术创新对于组织与个体的新颖程度，它会在扩散过程中产生一定的不确定性，亦即创新本身的相对优势会影响其未来的扩散效果。为此，无论采用哪种系统扩散模式，组织或个体都需要努力对技术创新展开评估，收集创新评估的信息，以减少创新结果的不确定性，提升其兼容程度。MOOC集中并共享了诸多学科的教育资源，这些资源的质量与价值为其后续的应用、改造、创新与推广提供了基础，建立MOOC的质量保障制度，汇聚优质的课程资源是其他相关制度的基础与核心，对其在高等教育领

域的扩散与共享起着决定性的作用。教育评估和质量标准具有明确的价值判断和导向作用，开放教育要以开放式的质量保障为发展基础，以传统教育标准对MOOC进行评估与认证未免贻笑大方，为此建立开放健全的高等教育质量保障体系，对提升MOOC的课程质量和品牌效应，推动我国MOOC项目接近国际先进水平，促进高等教育生态的开放化发展，至关重要。长期以来，我国高等教育质量保障体系的建设一直以外部质量保障为主。作为办学主体，高校对教学质量缺乏内生的、自主的特质追求，更多时候被动地响应政府对评估的要求，未能完全履行质量保障主体的职责。我国MOOC内容的开发主体是高校，应用与创新主体也是高校，质量保障主体更应是高校。在今后的教学改革中，高校应主动在政府宏观调控的引领下，形成并发挥质量保障的主体作用，结合学校的人才培养目标和需求，通过在线学习、在线学习与课堂教学相结合等多种方式应用MOOC资源，不断调整与创新校内外课程共享与应用模式，切实打造适合自己的高水平课堂，保障并提升教学质量。首先，应建立严密的课程质量评估体系和审核标准，规范MOOC创新与发展方式，使课程资源和学习管理系统的引进、改造、设计与开发有据可依，协调资源引进的畏惧心理和共享需求之间的矛盾，开发优质精细的中国式MOOC资源；其次，建立教学质量的监控体系、技术支撑体系及学习支持服务体系，使MOOC资源的应用与管理有据可依，促进教学评价的常态化与课程质量的不断优化；最后，MOOC能促进师生角色发生转变，但并非所有人都具备转变条件，所以需要建立师生的选拔机制，考虑如何筛选出MOOC环境下稳定的教学者与学习者。

2. 创建信息化教学支持服务体系，促进MOOC与高校教学的有机融合

根据创新扩散理论，在中心化扩散模式中，创新源于相关领域技术专家的正式研发成果；在非中心化扩散模式中，创新源于使用者的实践经验，亦即根据实地需求，对正式创新成果的再创新。为此，如何借助中心化的扩散成果与专家实践经验，保证并提升使用者实施再创新的主体性、科学性与专业性，是促进非中心化扩散的关键。事实上，当今所有学习者在一定程度上都是在线学习者。高校教学活动在一定程度上都是混合教学。目前，基于MOOC的混合教学在我国高校逐渐展开，并进一步推动了诸多教与学形式（在线学习与课堂教学、正式学习与非正式学习以及校内学习与校外学习）的有机融合。相关实践表明，这种教学模式减少了教师的重复性劳动，使之把更多的精力和重心放到对教学的细致分析中，并提供相应的学习支持，但这也对教师的教学能力提出了更高的要求，给学生的认知习惯带来了一定的冲击。换句话说，这一改革的历程不是一蹴而就的，需要教师教学能力的提升以及学生学习习惯的转变。为此，高校应该建立信息化教学支持服务体系，为教师和学生提供多选择、个性化和即时性的支持与帮助，提升他们参与MOOC教育实践与学习活动的主动性、积极性与创造性，以促进MOOC与高校教学的融合创新以及优质课程资源的扩散共享。我国以往的高校教学内部质量保障重在质量管理，多以自上而下的监控与调节为主，具有比较明显的控制性，忽视了对教师教学与学生学业的支持服务。国外

高校教学支持服务于20世纪60年代开始兴起，如今众多高校都有自己的教学支持服务机构，旨在通过培训、研讨、咨询、评估等服务促进高校教师发展，提高教师教学水平，改善教学质量和帮助学生有效学习。高校教师早已习惯了利用教育技术进行教学（包括网络授课与传统授课），如通过校内学习论坛频繁检查学生的讨论帖并回复学生的问题。而在我国类似的机构还不多，众多高校教师尚无网络教学经验。为此，很有必要加强研究与试验，在我国高校中成立类似的机构，利用信息技术为师生提供教学与学业的指导与帮助。另外，高校应摆脱传统的教师培训方式，利用MOOC及其课程联盟的优势，集中优秀的人力资源，建立正式或非正式的混合教学或教研团队，将校内外的学科专家、教育专家及教育技术专家凝聚起来，通过教育理论、教育技术与具体学科教学实践相结合，促进师生教与学能力的提升，培养具有影响力的教学名师及优秀学生，如可借鉴Coursera的实践经验，建立基于MOOC的高校教师职业培训平台，提升教师的教育技术能力，培养其信息化教学素养，传播MOOC教育理念。

3. 采用基于"学习产出"的认证机制，为用户提供个性化的增值服务

无论是中心化扩散还是非中心化扩散，都需要以客户需求为导向，从而确定相应的推广模式。不同的市场需求和竞争规则会形成不同的质量标准和商业模式。高校在主流的学位市场中具有极稳固的垄断地位，与之相比，MOOC不具备竞争力。但MOOC可以根据高校传统课程与教学模式的不足，建立新的课程市场，吸纳更多的非传统教育生源，以其需求为导向，重新定义质量标准和课程模式，并且随着教学设计和平台性能的不断完善，优化课程资源，提升教学效率，形成相对于传统课程的竞争优势。MOOC的教育功能之一是用户驱动的个性化服务，允许学习者、高校和企业根据自身需求选择合适的增值服务，并以多样化教育成果为枢纽，促进各方主体或机构的动态联动，在高等教育课程市场中推动优质资源的共享扩散。为此，只有构建开放教育的认证体系，通过认证使MOOC的教育成果获得高校、企业、学习者及社会大众的认可，才能保证MOOC的长足发展，进而应用推广。

高等教育质量保障实质上是高校不断地适应新的外部标准从而持续提升内部教学质量的过程，高等教育认证的基本逻辑应是考查高校教学是否适应了新标准并确实有所提升。基于这种逻辑，高校的设备、经费及师资等资源投入固然会成为评估对象，但对课程质量直接进行认定，相对而言更重要。由于MOOC出售的产品是课程，不同的课程来自不同学校的教学团队，具有不同的教学效果，适用于不同的学习群体，只有建立新的质量标准，对课程资源直接进行评估，才能确保MOOC的整体质量与品牌效应，所以MOOC采用的是一种基于"学习产出"的认证机制。另外，根据创新扩散理论，中心化系统扩散的主体是国家政府、管理人员及相关技术专家，他们对决策过程实施全面控制，在一定程度上保证了技术创新的社会公信力。为此，政府部门（如教育部）可建立MOOC的公共认证体系或机构，将认证标准确定为是否能使学生习得与未来生活相关的、实质性的成功经验，将认证对象指向MOOC机构及其课程资源，将认证内容聚焦于教学环境、学习内容、教师资质、

课程难度、专业系数、学习体验、教学效果和考核方式等变量,并对认证结果进行客观公正的描述,逐步形成"课程—微学位—学位"渐进式认证体系,为学习者的课程选择、高校间的学分互换、企业的人才招聘及开放教育的持续发展给予指导性建议,并以此为突破口,建立高等教育 MOOC 市场,促进高校人才培养与社会人才需求的有效衔接。

4. 建立协同创新机制,促进互联网行业的深度参与

根据创新扩散理论,中心化扩散系统和非中心化系统是连续的统一体。无论哪种扩散模式,都需要政府、管理人员、技术专家、应用者与推广者等多种组织与个体的深度合作与协同创新。只不过,由于扩散目的、系统结构和扩散方式不同,参与主体亦不尽相同。对于高等教育而言,完全市场化不利于教育教学的发展,但一定程度的市场化却有利于课程资源的优化分配和教学水平的提升。同样,MOOC 的应用推广与创作扩散亦需要引入市场机制,借助互联网行业的外部驱动力,实行商业化运作与市场化推广。

欧美 MOOC 平台之所以能够快速成长与发展,关键在于其秉承了多方合作与协同创新的价值理念,构筑了多元化的在线教育团队,在诸多国家和地区落实了本土化的扩张战略,在虚拟世界与现实世界实现了"多点开花"。"而我国的 MOOC 建设尚处在自给自足阶段,长期以来,在资源管理上高校之间的戒备心较强,一直将优质资源封闭管理,即使存在合作,也只是发生在毗邻区域,致使教学资源流转不畅",在线教育的优势得不到充分发挥,不利于课程联盟的建立,不利于跨校选课、学分转换机制的推进,不利于优质课程资源的开放共享。另外,国内知名企业与高校的合作多发生在科学研究、知识转移和成果转化等方面,对于教学项目参与较少。这对我国 MOOC 而言,无疑是一种极大的损失。为此,我国需要学习借鉴国外 MOOC 的成功经验,恰当处理引进来和走出去的关系,充分利用"互联网+"的优势,联合国内外的权威机构建立各方动态联动、协同创新的 MOOC 教育共同体。首先,鉴于高校与企业之间的文化矛盾与利益冲突,政府部门有必要通过顶层设计和政策规划进行有效的鼓励与协调,并对 MOOC 商业化和市场化的程度加以控制,从而充分发挥品牌高校、地方性高校和知名企业各自的优势,推动高校将重心置于人才培养模式和教学模式的改革创新,MOOC 机构将重心置于平台运作与市场化的运营,网络机构将重心置于第三方支持服务,知名企业将重心置于学习者实践能力的培养,打破高校内外边界,创建 MOOC 创新扩散的生态系统。一方面,开发高质量的学业 MOOC,探寻 MOOC 技术在高校教学中的作用以及有效的 MOOC 教育实践模式,为国家提供应用开放教育资源推进信息化教学改革的政策建议,推动 MOOC 快速融入我国公立高校的教学系统,促进高校课程模式和教学结构的变革;另一方面,联合开发优质的职业 MOOC,形成高深学问在学习者、高校教授和行业专家之间的无障碍流动。其次,吸引国外各种组织加盟中国 MOOC 的建设,如世界顶尖高校、网络服务商、视频提供商、图书出版商、翻译网站或网络学习社区等,通过合作将具有中国特色的 MOOC 推向国际社会,实现中国 MOOC 在其他国家的应用创新,让国外学生学习中国高校的优质课程,感受中华民族优秀传统文化。

第五章 基于 SPOC 的混合式学习模式构建

第一节 混合式学习的设计流程分析

经过多年的发展，国内外学者已经对混合式学习进行了深入研究，现选取其中具有代表性的几位学者的研究成果进行分析，以期为设计基于 SPOC 的混合式学习模式提供参考。

一、混合式学习设计步骤

2002 年，国外有关学者对混合式学习进行了总结，将其划分为四个步骤，分别为：
（1）识别并定义学习需求。
（2）依据学习者的特点，制订学习计划，设计测量策略。
（3）根据现有的混合式学习的基本条件，选择学习内容。
（4）按照计划组织实施，观测学习过程并对结果进行评价。

在对混合式学习四个基本步骤分析的基础上，《混合学习的原理与应用模式》一文将混合学习的流程进一步细化，主要分为八个环节，如图 5-1 所示。

二、混合式学习课程设计框架

我国有关学者对混合学习理论进行了分析，详细论述了混合式学习的原理、基本特征，提出了"混合式学习课程的设计框架"，认为在设计混合式学习课程时可从以下三个阶段展开，如图 5-2 所示。

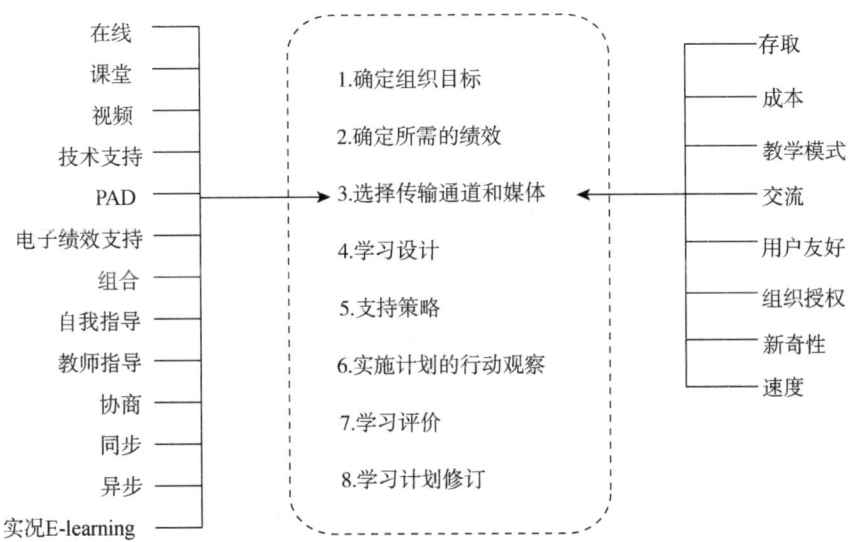

图 5-1　八环节混合式学习的设计步骤

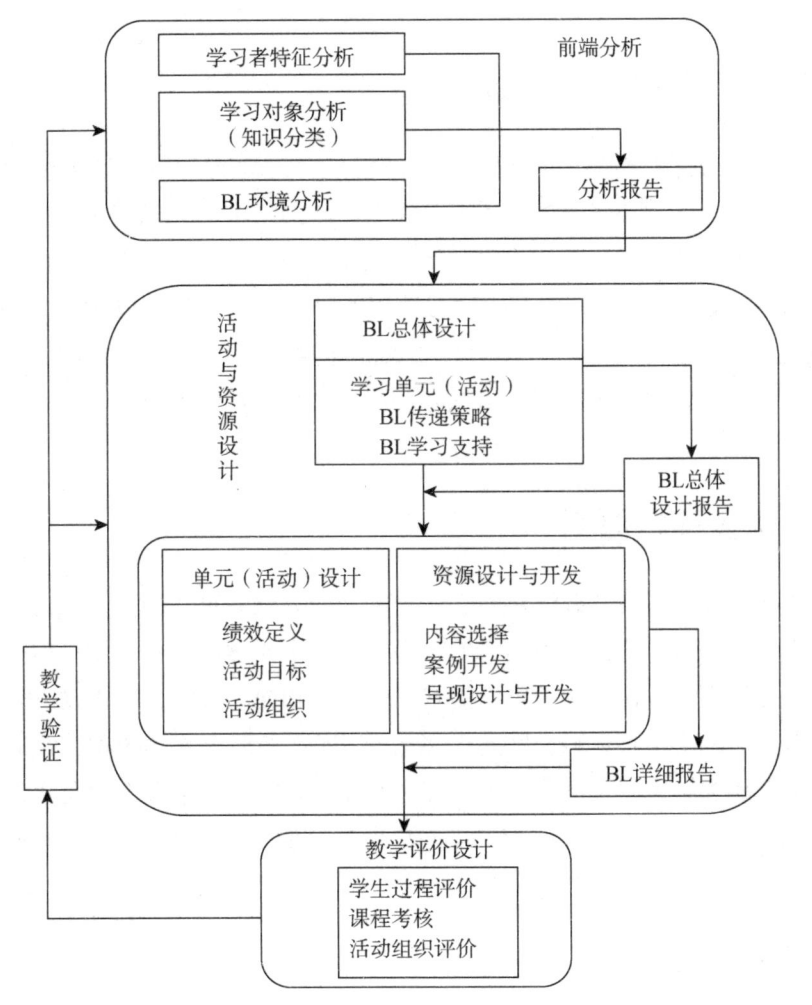

图 5-2　混合式学习的课程设计框架

我国学者混合式学习设计步骤是在国外学者的基础上对传统模式上进行的延伸和扩展，并具体分析了开展混合式学习时如何选择合适的媒介工具和学习方式，为教学人员根据课程的需要选择传输工具、组织教学活动提供了参考。而"混合式学习课程设计框架"将混合式学习分为三个阶段：前端分析、活动与资源设计、教学评价设计，并对各个阶段进行了细化，详细地说明了混合式学习课程的设计过程，使得设计人员不至于脱离实际需求，更容易把握整体流程。这两种设计流程都是针对混合式学习，同时给出了详细的操作步骤以及可能用到的工具，具有很好的可操作性，对于我们设计 SPOC 的混合式学习模式具有很好的指导价值。

第二节 设计原则

一、以学习者为中心原则

建构主义在学习论上指出，我们在进行课程设计时要将学习者视为学习和发展的主体，放在首要地位。这就要求我们要重点关注学习者的需求，但是需要指出的是，这并不代表我们放弃了教师的作用，相反，教师要在强化专业责任、辅导学生的同时提高主体性发挥水平。所以在基于 SPOC 的混合式学习课程的设计中，要坚持以学生为中心，充分调动学生积极性，激发学生的学习兴趣，一切为学生服务。同时又不能忽略教师的主导作用，教师作为整个教学过程中重要的组织者和促进者，要积极引导教学活动，与学生充分交流沟通，在思维的碰撞中完成教学任务。

二、资源多样性原则

课程资源作为知识传授的载体对教学活动的开展是至关重要的，形式多样的资源设计往往能够吸引学生兴趣，达到事半功倍的效果。然而不同学习风格的学生对于不同种类的教学资源的敏感性不同，对资源种类的需求也就不尽相同，有的喜欢声情并茂的视频类资料，有的喜欢静态的文本类资料，因此，在基于 SPOC 的混合式学习中，教师在选择教学资源时尽可能考虑到学生的个性化需求，综合对比多种类型的资源，也可以结合具体教学内容进行开发，使得不同风格的学生都能够找自己满意的素材资源，从而方便学习的开展。

三、系统性原则

基于 SPOC 的混合式学习包含多种学习方式，比如课堂教学和在线学习、正式与非正式学习等。这里的系统性包含了以下两个方面：一是教学活动的系统性。教学活动中的各个环节之间是相互联系的，不能使课前、课中、课后以及线上、线下等教学环节相互脱离，各自为营，要寻找各个教学活动之间的关联，使其具有完整性。二是教学资源的系统性。杂乱无章的资源往往会事倍功半，寻求教学资源之间的内在关联，将其整理成一个整体，才能更快更好地为教学服务，实现教学目标。这就要求我们在整个设计过程中，在学习理论的指导下，综合考虑各种要素，将各个教学环节的多种教学资源有机地融合成一个完整的体系结构。

四、多种评价方式相结合原则

最终的学习效果怎样，要依靠科学的评价系统来测量。传统的教学中往往以知识掌握情况作为重要的评价指标，以一纸分数衡量学生能力的高低，这种"重分数轻能力"的单一评价方式，无法给出公正客观的评价，所以综合合理的多元评价体系是非常重要的。在基于 SPOC 的混合式学习中，我们需要多种评价方式的组合使用，并根据教学特点，重视过程性评价，降低总结性评价的比重。在形成性评价中，主要从学生的学习态度、课堂表现、线上学习时间、平时习作完成情况、发言讨论情况等方面来整体把握学生的学习情况，进而做出评价；总结性评价则是以学生的考试成绩作为主要评价指标。采用多种评价相结合的方式，能够真实地反映学生水平，从而激发学生的学习热情，达到良好的教学效果。

第三节 基于 SPOC 的混合式学习模式的构建

在前期对 SPOC 和混合式学习进行理论分析的基础上，参考现有的混合式学习流程和设计原则，设计了基于 SPOC 的混合式学习模式。该模式主要分为前期分析、学习过程设计、评价设计三个阶段，下面对各个阶段进行详细介绍。

一、前期分析

本节将前期分析分为以下四点：学习对象分析、学习内容分析、学习环境分析和学习资源设计，如图 5-3 所示。

前期分析是整个学习活动的基础，目的是了解当前的环境和条件是否适合开展基于 SPOC 的混合式学习模式，学习对象是否接受这种学习模式，有利于设计有针对性的学习资源，取得良好的教学效果。

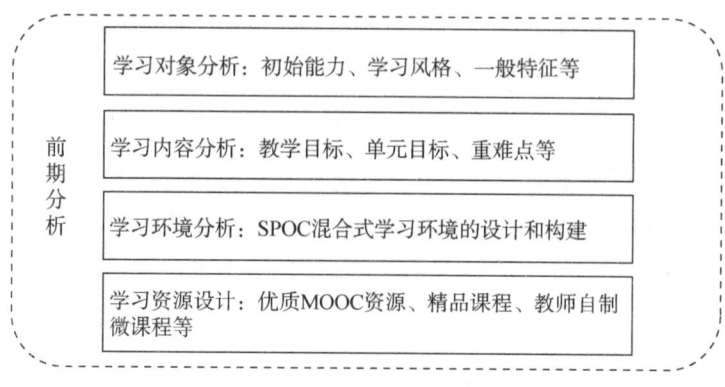

图 5-3 前期分析图

（一）学习对象分析

学习对象是教学活动的主体，要使教学内容和学习组织活动有利于学习者的学习，就必须要对学习对象展开分析。在本学习模式中，学习对象分析包含三个方面：学习者的初始能力分析、学习风格分析、一般特征分析，如图 5-4 的结构图所示。初始能力分析是指了解学习对象在开始学习之前已经掌握了哪些知识和能力，这些知识对新内容的学习是否有用，对新知识的学习持有何种态度等。通过对学习对象的初始能力分析，便于将教学内容的设计与学习者的理解能力相结合，设定合适的学习起点。学习风格是指学生在学习中所表现出来的个人情感因素，我们也可以把它看成学生的一种心理特质，比如当学习者接触到一个新的学习环境时，采取什么样的方式与学习环境进行互动，在情感上会做出什么样的反应，这些都是学习风格在起作用。一般特征是指学生在知识的学习过程中所表现出来的心理或社会特点，对学习对象进行一般特征分析时需要综合考虑他们的年龄特点、性别、学习期望、动机、所处背景等。

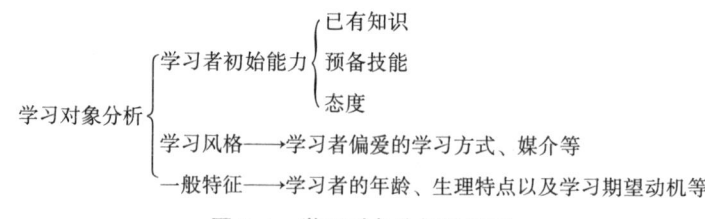

图 5-4 学习对象分析结构图

（二）学习内容分析

学习内容是指为了达到特定的教学目标而要求学生必须学习的知识或技能。学习内容的分析是课程开展的前提，我们只有在对内容分析的基础上才能知道本节课的重难点，才能明确教育目标，以此来选择合适的媒体和工具，设计相应的教学活动。

在基于 SPOC 的混合式学习模式中，学习内容既包括教学所选用的课本上的内容，又包括 SPOC 平台上的相关视频资源等。教师在开课之前通过对学习内容进行分析，确定学生学完本门课程之后的总体学习目标，然后对总体的学习目标再进行细化，设计各个部分知识点所对应的单元目标，确定学生学习完内容之后应达到的学习效果，以便为教学活动和教学评价提供指导。同时结合单元目标，分析各个单元中的重难点知识，根据学科特点进行教学内容设计，将那些概念性的知识留给学生线上自学；将那些原理性的知识留在课堂上进行小组讨论，通过学生之间思想上的碰撞，加深对知识的理解；将那些程序性的知识留给学生自己动手操作等。

（三）学习环境分析

学习环境只是一种外部条件，但这种条件是为了帮助学习者更好地开展学习活动而必不可少的。当然，混合式学习能够顺利开展的首要因素就是构建一个适宜的学习环境，这里主要包含传统的课堂教学环境和在线学习环境两种。此处我们需要重点分析的是如何构建出一个能够支持基于 SPOC 的混合式学习模式的在线学习环境，在此我们可以将其理解为支持学生在线学习的学习资源和人际关系的组合。

我们在构建在线学习环境时，要注重对学习过程的支持，突出以学习者学习为中心的原则，便于师生之间的交流和沟通，同时结合具体的教学目标、学习特点、平台的技术支持等，只要能够满足教学的实际需要即可，并不一定非要追求高精尖的设备或软件，因此我们在构建在线学习环境时要结合学校现有的条件、针对不同的学科、学生情况和教学人员熟悉的技术环境等，经过综合对比之后，建设适合本校学情的 SPOC 学习支持环境。一方面，我们可以使用当前比较成熟的 MOOC 系统，如中国高校 MOOC 提供的 SPOC 平台，这类平台一般具有丰富的课程设计模块以及课程管理功能，对教师的专业技能要求不高，便于创新在线学习环境，实现优质资源的共享。另一方面，当下一些成熟的开源在线管理系统，只要能够满足课程学习的需要，都可以拿来为我们所用。

（四）学习资源设计

学习资源设计在整个混合式学习中的地位是至关重要的，不仅关系着学生的学习效果，更关系着整个教学活动的进行。这里主要包括 SPOC 平台的线上资源设计和线下课堂教学资源设计两大类（即支持学习者线上自学的资源和课堂学习的支撑资源），后续的教学活动能否顺利展开最主要的因素就在于资源的设计是否合理。

教师在设计线上学习资源时，为了吸引学生的学习兴趣，可以选择一些高质量、实用的优质视频资源，以此把学习者的积极性充分调动起来。微课以其声情并茂、短小精悍的特点受到当前教育界的推崇，以往枯燥的文字叙述或者时长过长的学习视频无法吸引学生的兴趣，内容过多，知识点太杂，反而不利于学生学习，导致学习活动无法进行下去。为了便于基于 SPOC 的混合式学习顺利进行，我们可以借鉴优质的 MOOC 或者网络公开课中的精彩视频的制作方法，选择或制作类似的学习资源。针对目前比较流行的几种在线学习资源，通过引进、改造和自建三种形式即可转变为我们的 SPOC 在线学习资源，如图 5-5 所示。引进主要是指以方便学生学习为目的，对互联网上的资源进行适应性改造，如 MOOC、优秀的视频网站上的资源等；自建主要是指教师结合本节课的教学目标和学习内容，依据微课的设计原则自制的微课。在设计微课时，一定要遵守设计原则，教师事先准备好相关素材，最好制作好微课的设计脚本，同时要注意控制好时间（五分钟以内），按照设计脚本在专业录制软件的帮助下制作。微课的录制对环境的要求也比较高，一般要在安静无杂音的环境中进行，录制完成之后还要结合需要进行简单编辑。在视频后期加工过程中，可对其中的关键知识点增加标注等特效，提醒学生关注。SPOC 学习平台上优质资源的借鉴引用、校内精品课程的优化改造以及微课视频的融合使用，形成了课程丰富、知识点全面的教学资源库。

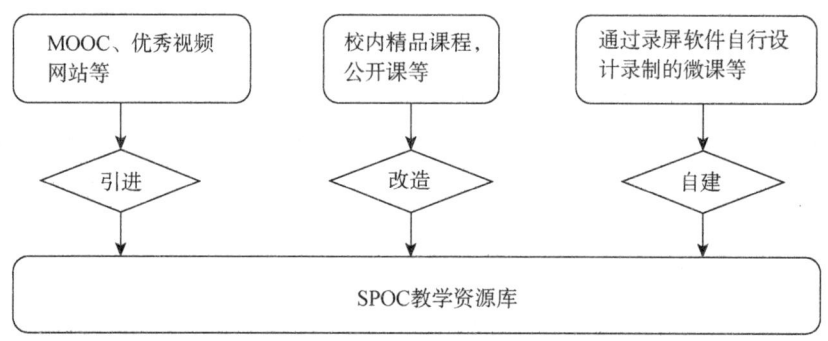

图 5-5　SPOC 学习资源设计图

线下的学习资源主要是指教师为课堂学习活动提供的支持材料和扩展性资源，如相关案例、PPT 课件、参考书、专题学习网站等，是课堂学习活动的补充。无论是线上学习资源还是线下资源，都要保证资源的设计与知识点和教学目标相吻合，内容安排层次分明，这样才有助于学生对重难点知识的掌握和理解，提高学习效率和学习质量。

二、学习过程设计

学习过程设计是将前期分析的结果和资源设计进行了实际的应用，是整个教学模式的核心，关系到混合式学习模式的顺利实施。我们在具体操作的时候按教学目标、教学内容分为若干个教学单元，而一个教学单元又分为课前知识传递、课中知识建构、课后知识巩固三个部分，学习过程设计如图 5-6 所示，每次 SPOC 课程开始前都要重复这样一个步骤，直到结束整门课程。课前、课中、课后的实施流程如表 5-1 所示。

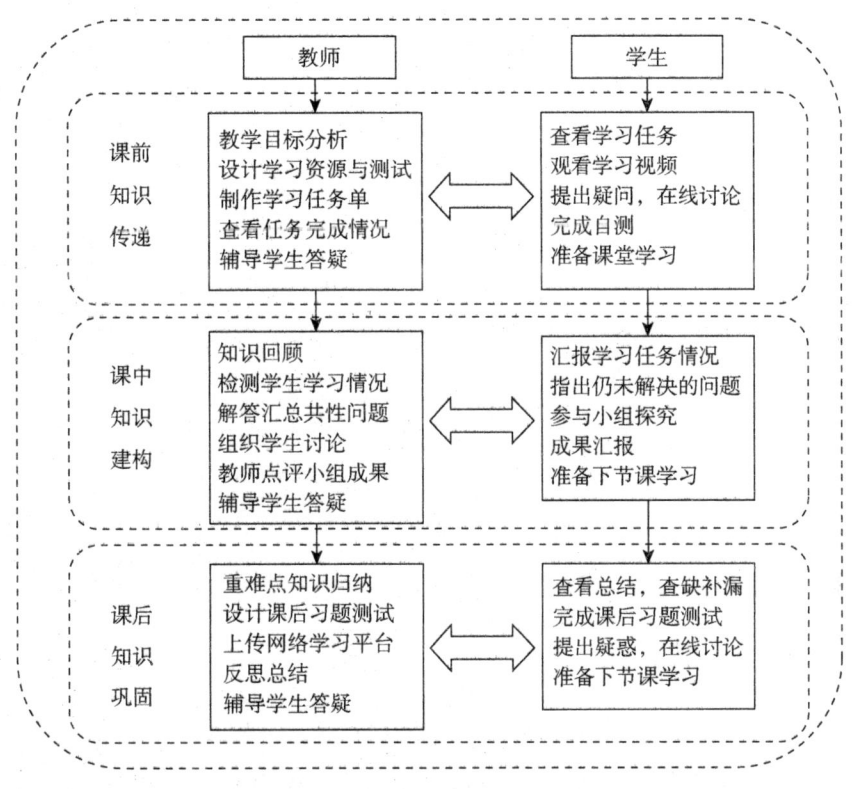

图 5-6 学习过程设计图

表 5-1 课前、课中、课后的实施流程

阶段	具体时间	教师活动	学生活动
课前	课前一周左右	发布学习资源和任务，通过网络学习平台引导学生自主学习	按照任务自主学习，完成测试
课中	课堂上	课前学习情况检测，小组指导，重难点答疑	小组协助完成任务，汇报交流
课后	课后一周左右	总结归纳重难点，网络学习平台交流	完成课后练习，在线交流

下面分别介绍课前、课中、课后的操作过程：

（一）课前知识传递

课前是该学习模式的知识传递阶段。对于教师来说，需要选择和设计本节课相关的教学资源上传到 SPOC 学习平台，为了能让学生了解本节课的主要知识点，有目的、成体系地展开学习，教师需要事先制作详细的课程学习任务单，任务单包括了学生在课前学习环节中需要完成的所有任务，是学生自主学习的支架，可以更好地指导学生按照教学目标展开学习。同时为了得到及时的反馈，全面了解学生自主学习情况，教师可以根据学习内容设计测试题或者调查问卷，其问题的设置应该细化到本节课所有知识点，学生完成测验的过程也是一个查缺补漏、总结归纳的过程，可以有效地帮助学生意识到本节课的重难点，明确哪些内容需要重点掌握。测验的结果同样可以作为教师了解学生学习情况的依据，便于在课堂中有针对性地做补充讲解。对于学生来说，需要在 SPOC 学习平台上，在学习任务单的指导下，自主学习完教师整理好的教学资源，根据学习任务进行知识探索，在自学过程中，如果发现问题或者存在疑虑时，可以通过即时通信工具（QQ 群或微信群）与教师、同学进行交流，也可以在 SPOC 教学平台上的讨论模块中进行讨论。自主学习结束之后，学生需要完成本节课的测试题，了解哪些知识已经掌握了，哪些需要加强学习，哪些存在着疑虑需要教师进行解答，同时对自己存在的问题进行归纳总结，这样有利于学生对知识的理解，也便于教师更好地把握学生的学习情况，做到因材施教。

（二）课中知识建构

课堂中是本学习模型的知识建构阶段，目的是让学生完整地掌握知识，培养学生的创新思维和独立解决问题的能力，提供完整的学习体验。在课堂上，我们将一节课分为两个阶段：第一阶段为知识回顾，讨论重难点，厘清线上自学的知识点；第二个阶段包括教师布置任务、小组合作探究、开展成果汇报、教师点评等活动，以问题为主线，让学生在问题的解决中掌握知识，提高分析问题、解决问题的能力。

对于教师来说，首先要汇总 SPOC 平台上学生自测题的完成情况，了解学生在学习中遇到的问题、较难掌握的知识点有哪些，对以上问题进行简单地记录和整理。在课堂开始之前花较少的时间对课前学习中遇到的问题进行重点讲解，确保大部分学生都能理解和掌握本节内容，接下来的时间便是要展开具体的教学活动，重点是对学生综合能力的培养和锻炼。为了检测学生对知识的掌握，教师可以根据不同学生的知识水平提出分层次的综合性问题，一种是概念性的问题，目的是提高学生对基础知识的掌握；另外一种是综合性的问题，目的是锻炼学生的高级思维，培养学生调动自己所学知识分析问题、解决问题的能力。首先，学生自己单独思考，自己不能解决的情况下，再组织学生分成不同小组进行合作探究，各个小组的成员之间围绕着教师提出的问题进行讨论；其次，推选一名成员对小组成果进行汇报，学生之间共同鉴赏，互相评价；最后，教师根据各个小组的汇报情况进行点评，给出评价意见，并对本节课涉及到的知识点进行总结和梳理。

对于学生来说，在教师进行重难点知识点回顾的时候，要紧跟教师思路，回顾自己在课前学习中遇到的问题，当讲到自己不理解的地方时，要仔细聆听，主动向教师请教，将教师所讲内容与自己理解不一样的地方进行对比，发现哪里出现了偏差，及时进行矫正。

当小组讨论时，要积极地参与到问题讨论中来，独立思考，回顾课前所学习的知识，尝试着能否用先前的经验来解决，确实较难理解的问题，要与小组同学交流合作。在汇报环节中，学生应大胆地上台做报告，并在教师点评汇报结果时认真聆听，提示自己的知识结构和能力水平。

（三）课后知识巩固

课后是本学习模式的知识巩固阶段。在传统课堂教学结束之后，学生主要是完成教师随堂布置的习作，和教师没有太多的交流，在开展 SPOC 混合式学习中，教师会根据学生的课前学习情况以及课堂上的表现，对需要注意的知识点进行总结和整理，之后上传到 SPOC 学习平台，以便学生复习巩固之用；其次，教师还要结合教学目标，对本节课中涉及到的知识点设计测试题，这时可以选择一些超出教学目标的题目，以便了解学生的掌握情况。与此同时，学生可以登录 SPOC 平台查看汇总后的知识点并完成测试题，当遇到困难时，可以在 SPOC 平台的在线讨论模块中向同学或者教师请教以获得针对性指导，通过积极与同学交流探讨，进行思维碰撞，不断提高对知识的理解和掌握。

三、评价设计

学习评价贯穿于学习的整个过程，是 SPOC 混合式学习过程中的重要组成部分，主要是收集教学过程中产生的相关数据，依据指定的教学目标进行分析，对教学效果、学习者对待学习的态度、学习行为等做出合理判断的过程，主要围绕学习者的学习态度、语言表达能力、团队合作能力等多个方面展开。评价设计是教学设计的最后一个环节，也是极其重要的一个环节，好的学习评价设计既可以对学习活动起到引导作用，也可以帮助教师对学习活动及时地做出调整，使得学习活动的开展能更加有效地促进学生的学习。SPOC 平台自带的学习分析技术可以为多元评价提供解决方案，在此主要是指形成性评价和总结性评价，如图 5-7 所示。

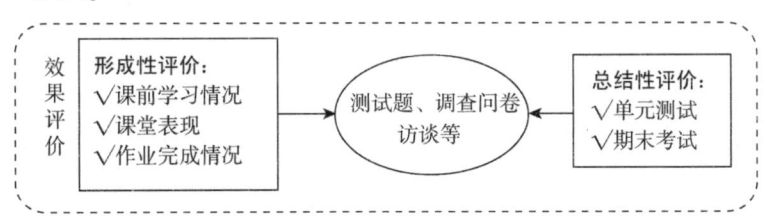

图 5-7 基于 SPOC 的混合式学习模式的评价设计

其中，形成性评价分布在教学活动的整个过程，共占总评价的 50%；总结性评价主要包括各个单元学习的情况和期末成绩，共占总评价的 50%。详细的评价内容如表 5-2 所示。

表 5-2　教学阶段的具体评价指标表

所处教学阶段	评价指标	评价人员
课前	学生 SPOC 平台学习情况	教师
课前	在线讨论活跃度	教师
课前	自测题完成情况	教师
课中	学生课堂表现	教师
课中	学生参与小组讨论情况	教师和小组成员
课中	学生汇报情况	教师
课后	单元测试情况	教师
课后	期末考试成绩	教师

基于 SPOC 的混合式学习模式采取的是形成性评价和总结性评价相结合的方式，以便对学生进行公正客观的评价。其中，形成性评价主要分布在教学活动中的课前和课后两个阶段，主要是教师通过 SPOC 平台查看学生课前学习情况、在线讨论活跃度、自测题完成情况，以及课堂上的多种表现等。而总结性评价则主要有单元测试情况和期末考试成绩作为评判依据。总体而言，采取分步分阶段的多种评价方式相结合是比较合理的。首先，它能给予学生公正客观的评价；其次，有利于我们对教学活动进行反思，一旦出现问题，能够迅速找到问题的症结所在并对学习活动进行调整，确保接下来的教学活动能有序且卓有成效地开展；最后，在总结经验和不足的基础上，对混合式学习模式进行改进，为之后的教学设计提供有价值的参考。

第六章 MOOC + SPOC 新型混合式教学模式构建

第一节 MOOC + SPOC 新型混合式教学模式知识互动支撑体系

一、MOOC + SPOC 新型混合式教学模式支撑案例

MOOC 知识互动的支撑体系虽具有资源丰富且覆盖面广、费用低廉等优势，但规模之大难以对学习者的知识互动进行个性化支持服务。为弥补 MOOC 知识互动支撑体系存在的不足，新模式知识互动的支撑体系正在不断创新。该模式以共享 MOOC 优质课程资源为基础，进行 SPOC 专有特色课程的教学，使得 MOOC 与 SPOC 进行深度的融合。它的最大特点是更加侧重在学习的各个环节中，通过有针对性的个性化支持服务来保障知识互动的有效进行，从而更好地提升教学效率和学习效果。据此，新模式知识互动的支撑体系作为知识互动的条件保障，成为本章的研究重点。

（一）新模式知识互动的支撑体系案例分析

本研究对新模式知识互动的支撑体系案例进行了分析和探讨，这里共选择了四个典型案例。其中，美国加州大学伯克利分校最早提出 SPOC 的概念，并借助 MOOC 的优势，将翻转课堂应用于课程实践中；麻省理工学院波士顿分校专门为 SPOC 课程重新设计了每周教学流程，该校的 SPOC 实验在教学设计方面更为详细；清华大学电路原理 SPOC 课程将理论教学与试验探究合二为一，学习者在试验中体现出了较强的动手能力和创新设计能力；清华大学的《中国近现代史纲要》课程借助 MOOC 和 SPOC 各自的优势，将 MOOC 与

SPOC 元素融入思想政治理论课的教学改革中。

2013 年，加州大学伯克利分校创建了 MOOC + SPOC 软件工程课程。该课程主要从以下几方面来开展知识互动：

（1）学习资源支持。该门课程利用 SPOC 改善课堂教学，开发了一个 APP 来满足学习者的知识交流需求，如此一来，学习者既能增强对知识的掌握，还能进行实际应用。

（2）学习活动支持。加强学习活动支持是非常重要的，该课程共有 15 个教学周，在这段时间内，为了获得学习者学习效果的反馈数据，学习者必须观看完整的课程视频，进行线上的阶段测试，完成在线编程习作。学习者完成这些任务后才可以参加线下翻转课堂的教学活动，课堂讨论 4~5 人为一组，每两周进行一次深度的知识互动，并完成项目设计。

（3）课程导学支持。该校教学团队主要利用 BerkeleyXCS169.1x 将 MOOC 课程本地化为 MOOC + SPOC 课程，这种软件是团队自己在 edX 平台上开发的，提供了包括教学大纲、课程视频、授课教案、在线讨论区、阶段测试与课后习作以及其他辅助学习材料，这与 MOOC 版本的线上资源相同。

（4）考核评价支持。虽然在线下学习者可以按照自己的节奏、进度和方式随时随地学习基础内容，但只有参加展示环节并完成习作才可以有选择地参加课堂教学环节，师生在课堂环节通过进行深度的知识互动来解决疑难问题。而学习者的成绩则由这些习作、测试以及团队合作项目得分来评定。

麻省理工学院波士顿分校《基础生物学 I》课程是该校学习者的一门入门课程。该课程主要从以下几方面来开展知识互动：

（1）学习资源支持。课程的学习对象是生物初学者，课程对学习者几乎没有什么特别的门槛要求。课程采用的是 MOOC + SPOC 混合式学习的翻转教学模式，除了一般《基础生物学 I》课程的教学目标之外，课程还设置其他有益的环节：学习者充分利用自己的学习时间、助教应协助学习者完成学习任务、学习者应重视实验环节、学习者需努力提升学习的主动性和积极性等。

（2）学习活动支持。为了更好地完成上述 SPOC 的教学目标和课程额外设定的目标，更好地指导教师教学和学习者学习，教学团队专门设计了一套新的每周教学流程。在该教学流程中，为了让学习者有更多的时间进行动手实验以及解决实际操作中的问题，将部分讲授和问题解决的内容移到了课后完成。

（3）课程导学支持。该校为了更有效地促进深度知识互动，改革了原有的 MITx 课程，改革方式是将课程内容分解为多个独立的小单元，每个小单元包括讲微视频、阶段测试题，以及一些有创新性的问题等方面。

（4）考核评价支持。课程要求学习者每周要有 10~15 个小时的学习时间，而课堂上则主要是用来进行深度的知识互动和进行问题解决和应用。课程的考核包括 edX 平台上的练习和10次课堂测验。与以前相比,面授课程结构发生了很大变化,主要体现在:一是利用课堂的深度知识互动来解决学习者面临的一些疑难问题;二是利用课堂的深度知识互动解决学习者从 MOOC 到 SPOC 学习的过渡中遇到的一些问题;三是通过实体课堂的深度知识互动与学习者共同探讨解决问题与实际应用的方法。有时,在课堂上教师会组织学习者进行5分钟的学习成果展示,而其余时间,则由教师进行授业和解惑。

清华大学《电路原理》课程是电学类各专业最重要的一门学科基础课,其主要内容为线性与非线性电阻电路分析、动态电路的时域分析和正弦激励下动态电路的稳态分析等。该课程主要从以下几方面开展知识互动:

(1)学习资源支持。《电路原理》课程注重从教材中提炼知识点,以有效指导学习者进行知识互动。但电路原理 SPOC 平台上的内容并不是按照一本教材顺序制作的,而是按照电路原理诸多概念之间的内在联系编排而成的,且知识充分"碎片化"。课程里含有240个短视频,平均时长为5.5分钟。

(2)学习活动支持。电路原理注重设计与理论教学有机融合的实验,实验内容侧重探索性和实用性,教师仅需要说明实验任务,学习者需要自行设计验证性实验的电路和方案,对相关理论学习内容进行验证。在掌握一定的实验经验和技巧后,采用 PBL 的方法,要求学习者设计出具有一些实际功能的电路。同时采用便携式实验工具,开创新的实验模式。

(3)课程导学支持。电路原理课前学习阶段,学习者将通过网络在线观看教学视频,完成大部分在传统教学模式中课堂讲授内容的学习,并完成适量练习。还有些章节要设计和实现一些简单的实验。在课堂时间里,组织学习者对课前内容进行深度互动,主要包括:对课前所学内容知识点的讨论;完成一些习题,帮助学习者掌握如何运用所学知识去解决实际问题;对课下实验中遇到的问题进行讨论,鼓励学习者相互答疑,介绍自己的讨论内容。

(4)考核评价支持。总结课内讨论的若干问题和知识点,将其绘制在一张图上,凸显相互之间的逻辑关系,下次课堂上学习者需上交关系图,学习者进行展示,教师进行评判。完成 SPOC 平台的每周习作或部分笔头习作。基于已完成课堂讨论的内容进行研究型实验。

清华大学《中国近现代史纲要》课程结合了大量的视频和文字材料,并辅以小组讨论等形式进行在线教学,课程重点关注学术前沿,将时代性、科学性和学术性融为一体,通过深度的知识互动培养学习者所应具备的历史意识和时代意识,帮助学习者更加深入地了解国史、国情。该课程主要从以下几方面来开展知识互动:

(1)学习资源支持。课程以高校思想政治理论课教材《中国近现代史纲要》为基础,视频内容提供丰富的历史图片与文献原文,呈现动态的历史地图和直观的动画效果,穿插大量的影视和纪录片资料与课程内容相配合,采用贴近学习者的教学案例,直面热点与现实问题设置课程环节。

（2）学习活动支持。除了线上教学内容外，为促进知识互动，课程安排了丰富的线下小班讨论活动。并将不定期地在网上提前公布讨论的主题和阅读材料，学习者可根据个人兴趣与时间安排自愿报名参与。课程还安排若干次名师辅导讲座，邀请在相关领域富有研究的教师来为同学们讲解一些重大的历史事件或问题。课程要求讨论区的助教"消灭零回复"，且一般应12小时作出回复。如果存在未回复的情况，则由助教在讨论区开的信息贴通知。

（3）课程导学支持。课程主页面包含课件、课程信息、讨论区、Wiki、进度等子系统，课程一共有十三章的教学内容（三章综述、十章正课）。每周的教学内容包含若干段教学视频（其中十章正课后各有一段回顾本章学习重点、难点或讨论当前研究热点问题的"Q&A"视频）。在课程教材部分逐步地上传阅读材料，其中一部分是必读材料，在公告栏中进行提醒，其余材料学习者可根据需要进行选择阅读。

（4）考核评价支持。课程通过线上教学大数据记录着学习者的选课情况、学习习惯、活跃程度、学习进度等。课程设有阶段测试环节和习作环节，而且测试题每周只有一次提交机会，并设定了测试题的有效答题时间，要求学习者在有效期内完成作答，有效期外的答题成绩将不能计入期末总分。学习者还需参加期末统一组织的线下考试，最终的课程成绩将由线上学习（60%）和线下考试（40%）构成，按百分制计算，考试成绩合格的学习者将获得学分。

（二）新模式知识互动的支撑体系案例启示

通过对以上案例对比分析，可以得出以下结论：新模式知识互动的支撑体系，MOOC教学资源为各学校共同建设、共享使用，解决了一门课程规定内容、标杆内容的网络化教学；SPOC将MOOC课程本地化为SPOC，解决了不同学校不同人群的差异化网络化教学。基于混合学习的视角，通过一定的教学设计和课程组织架构，将MOOC优质的师资、学习资源等融入SPOC的教学当中。同时在评价方式上，将过程性评价融合到SPOC的练习当中，保证了学习者的课后参与。新模式知识互动的支撑体系在一定程度上弥补了MOOC学习支撑存在的问题。通过知识互动，学习者不断地进行主动学习和协作学习，成绩提升的同时，更提升了素质和能力。几个典型MOOC+SPOC案例对比分析结果具体如下：

（1）学习活动支撑体系方面。课堂教学中，学习者是在深度知识互动中习得知识，在小组讨论与协作学习中迸发创新思维。教师会提供多样化、个性化的教学模式指导或学习策略，当然，这些都是根据学习者学习特点的分析为其提供的。因为在知识互动过程中每个小组的学习者会遇到各不相同的问题，因此进行个性化的学习指导是很有必要的，教师会根据学习者的不同需求，运用多样化的教学模式，指导学习者进行交流互动。各课程教学活动的设计与安排重在把握"知识内化"与"能力培养"两个关键环节，将阶段测试、课后习作、协作学习、成果展示四个环节有效融合在新模式知识互动的各个阶段。通过互动评价和教师参与探讨来提高学习效率，充分体现"自主、合作、创新"的教与学理念。

（2）学习资源支撑体系方面。首先，对课程内容进行"碎片化"处理，即教师会以课程大纲、教材内容、课程性质、教学结构等方面的特征为依据，将一讲内容分解为若干个微视频；其次，指导学习者做好课前准备，比如，如何注册课程、如何登录 SPOC 平台参与学习、如何查看课程学习的相关信息等；再次，自由选择个性化学习工具（论坛、微博、社交网站、QQ 群等）进行浏览、讨论和交流；最后，完成好课前任务，教师需要为学习者提供适合学习者的课程教材以及生动丰富的授课视频等。此外，教师还及时发放教学资料，准备好探索性问题与任务，这样通过学习者对问题的反馈，使教师可以有目的地指导学习者的学习。

（3）课程导学支撑体系方面。各新模式对教师布置的课前活动任务都非常重视，教师通过 SPOC 平台发布的课程信息，会指定助教等工作人员帮助管理和维护。对于各新模式课程课前的教学活动，学习者都是提前观看教学视频以做好下一步学习的准备。在预习的过程中，学习者会遇到各种疑难问题，但在实体课堂上通过深度的知识互动，教师会引导和帮助学习者解决问题，学习者之间也可以通过深度的交流探讨促进问题的解决。

（4）考核评价支撑体系方面。纵观各种案例，我们发现，各新模式课程任课教师对相关知识点的讲解都非常有针对性，这种针对性是基于学习者课前观看微视频学习新知识的反馈情况开展的，这也是新模式教学高效的一种体现。值得一提的是，在新模式课程中任课教师还时常会结合课程目标与课程知识体系，提出一些富有创新性、价值性、探索性的问题，或者设计一些有挑战性的实验操作，这无疑是非常值得称赞的。在教学评价体系设计中，新模式不同于传统模式，其主要采用了基于学习分析技术的形成性评价为主、过程性评价和总结性评价为辅的科学的多元评价方法。这里所称的形成性评价，包括两个方面，一是线上基于 SPOC 平台的习作、单元测试以及在讨论组中的表现，该表现主要是通过学习者的活跃程度、同伴互评方式等获得；二是在面对面教学中的课堂习作以及课堂表现，该表现主要通过教师评价及自我评价来获得。这里所称的终结性评价，也包括学习者线上结业考试和传统教学的期末考试两个方面的综合评定。因为这种科学的、多元化的学习评价方式更加有利于提高学习者参与学习活动的积极性和主动性。

二、MOOC + SPOC 新型混合式教学模式知识互动支撑体系模型

（一）新模式知识互动的支撑体系模型设计思路

MOOC 以其规模巨大化、网络开放性、对象多元化、知识碎片化、学习自主化、评价多样性等显著特点为学习者提供了大量的学习机会。但 MOOC 大规模使个性化知识互动更加困难，表现之一为 MOOC 学习者的学习体验不足、完整性不强。学习体验的完整性取决于学习过程、学习环境的完整性，这种完整性是 MOOC 单一的在线课程、论坛或讨论均无法替代的。新模式知识互动的支撑体系更加注重激发学习者的学习动机，保障学习者的个性化学习，克服学习中的障碍，提升学习者的愉悦感知。在课程导学环节，能够为学习者提供明确的学习指导和技能指导；在学习活动环节，通过创设深度知识互动的学习环境，

实现广泛的社会化互动及学习者之间的深度交流和深度学习；在学习环境环节，能够提供丰富的满足个性化学习需求的学习资源；在考核评价环节，能够科学合理地制订学习效果的评价指标和考核策略，能够有效地完成学习者自评、互评及学习效果检验；在学习监管环节，能够全过程、全时段、随时随地监控管理，督促学习者认真完成课程任务；在翻转课堂环节，通过问题引导环节、观看视频环节和问题解决环节，帮助学习者完成知识内化。

（二）新模式知识互动的支撑体系模型构建

模型就是为了理解事物而对事物得出的一种抽象，是需求分析后系统设计的理论蓝本。通过对国内外典型新模式课程知识互动的支撑体系的对比分析，基于全心全意服务于学习者的学习活动理念。根据建构主义等相关理论的指导，本研究构建了新模式知识互动的支撑体系模型：横向来讲，主要从课程导学、学习环境、学习活动、考核评价、学习监督几个方面为学习者提供强有力的支持；纵向来讲，翻转课堂的支撑体系贯穿于课堂外自主学习、课堂内知识内化两个主要阶段。新模式知识互动的支撑体系模型如图 6-1 所示。

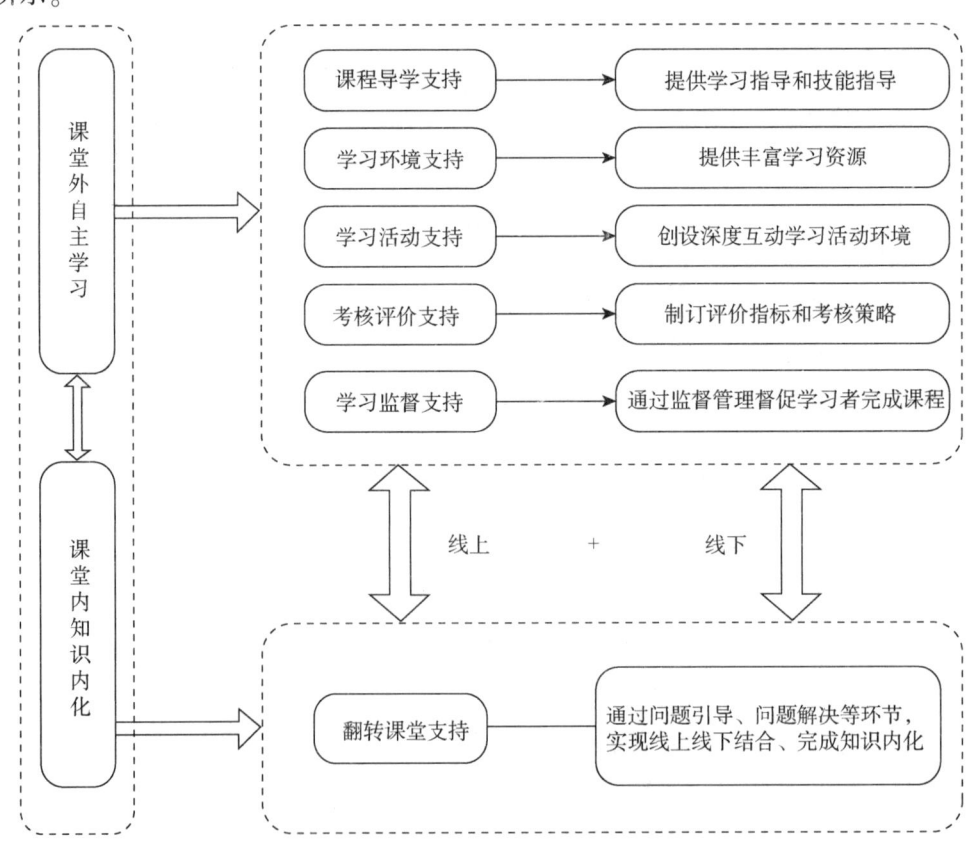

图 6-1　新模式知识互动的支撑体系模型

在图 6-1 模型中，教师与学习者担任不同的角色，这种模型设计不仅满足了学习者自身的知识互动需求，也满足了教师对学习者的管理需要。在课堂外自主学习环节，体现了新模式的有机融合：不仅有教师的知识引导与平台的技术指导的课程导学支撑体系，包括教学内容设计、开设课程、发布教学信息及布置学习任务等，还有对学习者的考核评价、管理与监控等支撑体系。课堂内知识内化过程即翻转课堂学习支撑体系是知识互动最为重要的支撑体系环节，该过程中通过同校同专业学习者及教师在基于 SPOC 的翻转课堂上进行小班研讨、协作学习、成果交流等学习活动，形成学习者以"学"为主，教师以"教"为辅的教学模式，培养了学习者的创新思维和实践能力。

三、MOOC + SPOC 新型混合式教学模式知识互动支撑体系子系统模型

通过调查和对国内外新模式课程知识互动支撑体系的综合分析，以建构主义理论和知识互动理论为基础，将以上新模式支撑体系总体设计模型中各模块组成和特征进行了设计，构建了新模式知识互动的支撑体系子系统模型。共包括六个子系统：课程导学支持、学习环境支持、学习活动支持、考核评价支持、学习监管支持以及翻转课堂支持。新模式知识互动支撑体系子系统模型如图 6-2 所示。

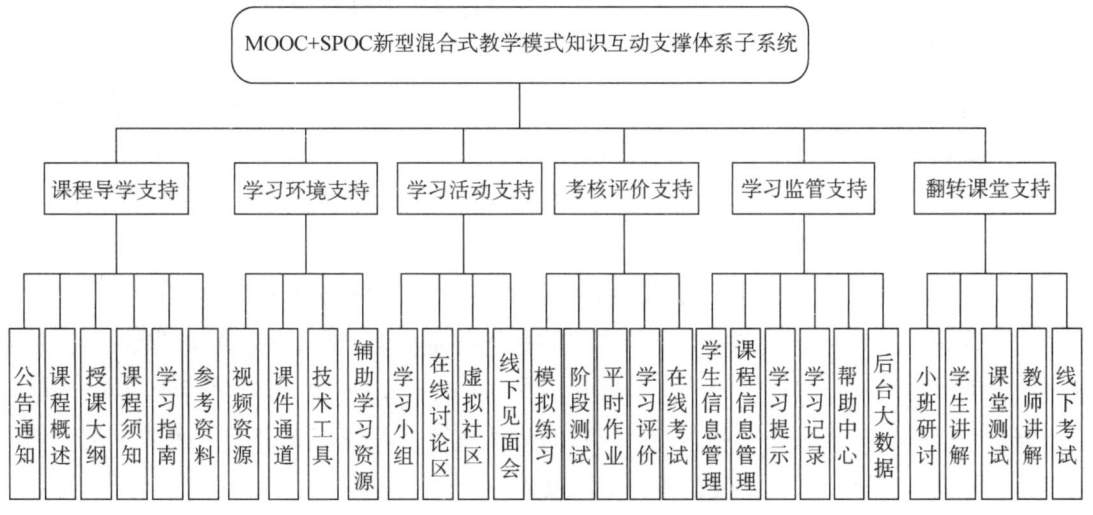

图 6-2　新模式知识互动支撑体系子系统模型

（一）导学支撑体系子系统模型

本研究中，导学支撑体系是指在新模式教学环境中，教师以学习者学习的心理过程为依据，为学习者的学习动机、过程、方法进行个性化的指导和引导，从而通过知识互动促进学习者的自主学习和全面发展。具体包括：公告通知、课程须知、课程概述、课程大

纲、参考资料、学习指南、导航路线。导学支撑体系子系统如图 6-3 所示。

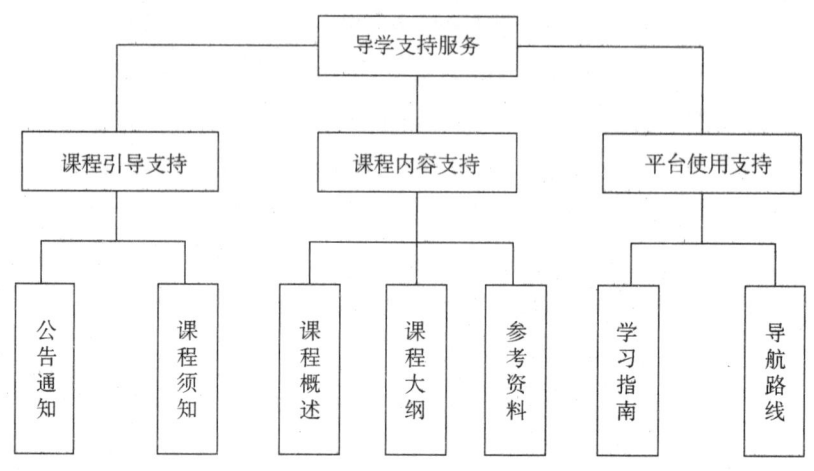

图 6-3　导学支撑体系子系统

（1）公告通知。公告通知是导学系统的一个重要组成部分，也是学习者在学习过程中经常光顾的一个模块。公告通知的信息均与学习者息息相关，也最受学习者关注。课程组织者会在公告栏及时发布与课程相关的开课时间、讨论话题、习作内容、测验提交等信息，甚至将公告通知发送到学习者的邮箱，给予学习提醒支持。与此同时，在公告通知中还嵌入了课件更新模块，通过此模块，学习者可以直接点击进行新知识学习，为学习者提供极为方便的学习路径。

（2）课程须知。课程须知是学习者学习之前必须浏览的一个重要环节，既包括对课程性质的描述及对学习目标的要求，又包括对学习参考教材、参考习题集、课程学时数等进行详细的说明，同时包括对学习者的习作要求、考试成绩的要求、讨论的要求以及学习笔记、答疑等各环节的明确公告。

（3）课程概述。课程概述是对课程将要讲述的基本内容进行详细阐释，即对学习者回答"这门课讲什么"的问题。并展示了课程的起止时间、线上教学内容的章节数、短视频数、线上测试的时间及次数、如何获得学分、学习方法的提升等，即对学习者回答"同学们需要做什么"的问题。希望能通过对课程的整体概述，给学习者设定总体的学习安排，从而为学习者学习这门课程提供整体的支持服务。

（4）课程大纲。新模式的课程大纲根据教学计划，规定某门课程的教学目的、教学任务、教学手段、教学内容、教学结构、教学要求以及课程讲授、实习、实验、习作的时数安排等。有的课程大纲还包括实践环节的教学仪器、直观教具等方面的提示。课程大纲是进行知识互动的前提，是教师进行教学和衡量教学成效的主要依据，对学习效果和教学效果的提升提供了重要的支持服务。

（5）参考资料。教师根据学习者对本门课程的知识交流需要和学习需要提供的相关学习资料，包括教材、文献等阅读资料及视频资料等。参考资料为学习者深度的知识互动和深入理解课程内容提供了有益的补充和保障。

（6）学习指南。学习指南是新模式初学者必看的一个内容。在新模式课程中，学习指南多以 PPT 或视频讲解的形式呈现给学习者，学习者通过学习指南能够很快地熟悉平台的系统环境以及学习的基本流程，为顺利开展课程学习提供支撑和保障。

（7）导航路线。在新模式课程的每一页，学习者可以点击页面的课程一级导航栏选择跳转其他视频或页面，进入其他页面或视频后可利用平台提供的二级导航条，点击导航条的相应按钮可进入课程内容各部分、论坛及返回课程内容页等。导航路线为学习者提供了清晰、明确的学习路线，给予学习者及时的指导，确保其不会迷航于课程学习中。

（二）学习环境支撑体系子系统模型

本研究中，学习环境是指在新模式教学系统和学习系统中，学习者在深度知识互动过程中可以利用的一切显现的或潜隐的条件，也可以理解为人员、信息、视频、资料、设备以及技术等各种专门设计的学习资源或可利用的学习资源。

（1）视频资源。首先，视频内容的精炼和模块化。在新模式课程学习中，视频呈现是以简短的微视频为主，一讲课程由多个简短的模块化的短视频组成，时间都在 5~10 分钟，而且每个视频都有自己的主题和内容，方便学习者明确学习任务并按知识点进行学习。其次，视频的碎片化。新模式课程视频设计碎片化且具有系统特性，满足学习者进行碎片化交互式学习的需求。最后，视频设计上做到交叉和互联。视频的功能也是多样化的，点播按钮的设置可以不用退出而直接进入下一视频的学习。

（2）课件通道新模式。课程 PPT 把所要表达的内容信息集精致形象的图形、图像、动画、声音等多种元素组织在一组图文并茂的画面中；将各种视频素材的搜集和运用内容进行条目化和形象化处理并进行各种素材的聚集，体现知识间的网络交叉性。同时把背景资料嵌入相关超链接，学习者可以链接到网上查看资源，进行拓展学习。

（3）技术工具。技术工具支持是保障知识互动顺利开展的重要因素。第一，"technicalissues" 是各大课程开设的技术支持的重要板块，这个板块的技术人员为学习者在课程学习或者习作提交等环节遇到无法解决的技术问题提供支持和帮助。此外，学习者还可以采用论坛留言、提问或者发邮件的方式与助教团队及时取得联系。而且增加了助教是否在线的提示，这也为学习者是否愿意参与知识互动提供了条件保障。第二，新模式知识互动可以利用课程中心网站、虚拟教室工具、人机互动工具、资源分享工具、测试工具及软件、社会化工具等技术工具来组织，还可以在课程中采取多种技术平台共享的形式来提供资源、组织学习互动，带领学习者实现个性化学习。

（4）辅助学习资源。主要是在教学过程中，为提升知识互动效果，教师为学习者提供的与该课程密切相关的拓展资源，是对学习者学习内容、学习形式、学习方法的扩容增加和优化发展，包括与本知识点关系密切的推荐学习教材、阅读链接或者评论模块等，主要是为学习者知识互动提供良好的支持，是对学习者学习的全方位的促进和帮助。

（三）学习活动支撑体系子系统模型

学习活动主要通过学习者之间的知识互动，不仅为学习者解答学习中遇到的问题，还可以为学习者提供更多新的学习内容。因此，在新模式课程学习的知识互动中，学习者围绕既定学习目标，采用主动式学习、探究式学习等多种方式开展学习活动。

（1）学习小组。学习小组是在新模式教学为基本教学组织形式的前提下，教师为了培养团队合作精神，提升个体的学习能动性，将一定数量的学习者分成小组的一种做法。学习小组的成立改变了教师垄断教学信息源而学习者处于被动地位的局面，教师通过指导小组成员展开合作，达到完成特定的教学任务的目的，学习小组成员的协作对培养和激发学习者的主动性、创造性提供了支持和保障。

（2）在线讨论区。在线讨论是学习者学习新模式课程时进行知识互动的主要方式。在线讨论区中，学习者围绕知识互动过程中遇到的复杂疑难问题进行深入的交流探讨，可以发帖、回帖、评论或者举报；在学习讨论区中，教师根据课程内容事先设计讨论的主题，组织和引导学习者积极参与讨论。在线讨论区的设计对促进学习者的深度学习及知识的内化迁移起到了重要的支持作用。

（3）虚拟社区。"虚拟社区"又称虚拟学习社群，它是在非正式学习需要的基础上建立的。学习者通过电子邮件、论坛、聊天室或MSN、Wiki、QQ、微信等沟通信息、分享知识、交流经验和协作完成学习任务。在某种程度上，虚拟社区也可以认为是一个交流圈，这个交流圈能够为学习者之间开展深度知识互动提供方便，当学习者遇到疑难问题时有助于及时提问并进一步解决，对学习知识的广度与深度方面进一步延伸大有裨益。

（4）线下见面会。为了给学习者提供面对面的知识互动交流机会，本研究中设计了线下见面会学习支撑体系模块，学习者可以通过已注册学员信息寻找同一国家或同一城市的学习者，大家利用课余时间在教师的指导下一起组成学习共同体，形成线下见面会，并组织学习者形成良好的知识互动。对于新模式课程而言，学习者主要是以同一所高校的学习者或同一班级的学习者为主，所以能够做到经常组织线下见面会，学习者将在学习中形成学习伙伴关系，分享学习心得，教师在线下见面会中扮演协调和组织的角色。

（四）考核评价支撑体系子系统模型

在网络课程中，学习活动过程的评价是保证课程资源处于动态生成状态的重要因素。新模式的知识互动评价考核关注多元化目标，强调主动学习和愉悦学习，符合终身教育的理念。本研究设计适应新模式知识互动的考核评价支撑体系子系统，有助于对学习者的学习成果进行评估，增强学习动力的同时也增加了教师的成就感。

（1）模拟练习。在线上模拟练习模块，新模式课程在学习者的知识互动过程中加入了与课程实际相关的练习项目，学习者在设定的问题情境中进行过程模拟与场景理解，有效地训练了学习者的思维能力。

（2）阶段测试。在课中线上测试阶段，新模式课程知识点视频播放的过程中或者播放结束后提出与本知识点相关的测试题目，要求学习者在固定时间内完成。这部分评价主要测试学习者对当前视频的理解情况，同时也可以监测学习状态，学习者可以评价自己对学习内容的掌握程度。在课后线上测试阶段，课后练习以客观题为主、主观题为辅，作答后可以立刻获得结果反馈与题目讲解。如学习者已熟练掌握，则可以直接进入下一课程进行学习。

（3）习作环节。平时习作以主观题为主，学习者根据事先设计好的习作模板，设计自己的习作，主要采用同伴评阅和教师评阅相结合的方式，帮助学习者消化和反思课程内容。期末习作阶段，学习者在规定的时间参与期末考试或提交期末作品。

（4）线上考试。在整个课程结果后，授课教师发布期末考试题或者项目实践，学习者完成线上考试或完成项目实践获得成绩，形成对该门学习课程的终结性评价。

（5）学习评价。师生间互动评价阶段，在每个课后练习和单元测试后面可以设置一个师生互动区。学习结束后，授课教师会在互动区对学习情况进行总结，同时给出值得分享的习作的链接，这样学习者可以从多角度去分析和总结相关学习内容，从而更加全面地巩固已学知识。同伴间互动评价阶段，是让学习者互相评价彼此的习作，这种互评方法不仅解决了新模式课程学习习作批改难的问题，最为关键的是在互评过程中，通过观看同学的习作，学习者可以实现思维火花的碰撞，得到有益的借鉴和启示，获得新的灵感，从而达到互相学习、互相促进、延伸与拓展知识边界的效果。

（五）学习监管支撑体系子系统模型

学习监管支持子系统是检验知识互动效果的重要环节，是学习分析中数据的重要来源。在这个阶段，需要设计更多的反应学习动机、学习状态的学习变量，例如，学习者进入网站的时间和频率、使用资源的类型、学习中花费的时间等。在此基础上设计学习分析工具，不仅能够支持教师进行教学优化设计，也可支持学习者学习自我导向、学习危机预警和自我评估。

（1）学习者信息管理。学习者信息管理的主要任务是对参与新模式课程知识互动的学习者的各种信息进行日常管理，如查询、修改、增加、删除，另外，考虑到学习者选课，针对这些要求设计了学习者知识互动的信息管理系统。其中包括登录、学习者信息录入、学习者信息查询、更新学习者信息、学习者成绩录入、学习者成绩查询、权限管理、密码管理等模块。学习者信息管理系统具有检索迅速、查找方便、可靠性高、存储量大等优势，能够极大地提高学习者知识互动的效率。

（2）课程信息管理。提供每门课程的课程编号、课程名称、课程性质、总学时、学分等,并根据课程需要设计以下功能:课程信息的录入功能、删除功能、浏览功能等。

(3)学习提示。新模式课程学习之余,为促进知识互动的深入进行,教师或助教等会及时通过各种方式提醒学习者,保证习作及时提交,统一评阅,提示学习者讨论的时间、主题等。学习提示模块设计目的是让学习者依据个人的学习任务制订学习计划,使学习者的学习目标更加明确、清晰。

(4)学习记录。这一阶段将在日志文件中记载学习者进入该技能点开展学习活动的时间和频率、使用资源的类型、学习中花费的时间等学习变量,教学组织者可以定期从日志文件中提取出与学习状态相关的变量。对学习者日志文件记录的设计,能够为形成性评价提供大量学习状态相关的数据。

(5)帮助中心。学习者对于平台的使用、课程的学习等疑问可以在帮助中心获得答案。教师通过查看学习者浏览网页记录,学习笔记以及学习社区发言,了解学习者的学习状态以及存在的问题,对学习者给予帮助并及时调整学习者的学习步调。

(6)后台大数据。SPOC平台能实时监测学习者的学习进程、学习地点、知识掌握程度以及与其他个体知识互动情况等相关数据,也能通过既定模型评估和推测学习者响应、反馈等数据,帮助支持服务者从社交、行为、认知层面对新模式学习者的学习行为进行基于教育大数据的分析和改进。除此之外,SPOC所塑造的环境、学习内容、学习伙伴甚至学习者的社会关系等数据,都能通过有效挖掘成为如何更好地支持学习有效性的着力点。

(六)翻转课堂支撑体系子系统模型

翻转课堂指将传统教学模式,即学习者在教室上课,课余完成教师布置的家庭习作的教学模式翻转过来,学习者课前通过观看教学视频,自主学习新知识,而在课堂上进行深度的知识互动和科学实验,完成知识内化,真正实现以学习者自主学习为主导的教学模式。

(1)课前预习。在本阶段,教师是新模式翻转课堂内容及进度的设计者,教师可依据不同学习者的具体学习情况,有针对性地进行微视频和相关资料查看任务的布置、习作的设计、在线知识互动的组织;学习者是"翻转课堂"的执行者,根据教师所列的要求完成学习内容,以及习作及在线交流活动,学习者是真正的"主角"。

(2)小班研讨。小班研讨是线下知识交流讨论阶段,本阶段对培养学习者独立提出问题、解决综合问题、创造性思维等能力都会有极大的帮助。此阶段,学习者首先要主动寻求答疑,要积极地参与到与教师讨论重难点和知识点的过程中来,主动向教师请教课前预习时无法理解的问题,积极完成知识建构;其次,要对教师提出的问题独立进行思考,并尝试运用之前预习所学的知识解决新问题,对于确实不能独立解决的问题,要主动地抛出来,在小组积极与同学讨论交流,直至问题得到解决。

(3)学习者汇报。在代表小组进行汇报时,要大胆地抛出小组讨论过程中所遇到的问题和困惑，力争把问题讲清楚，通过清晰完整的表达来获取教师的准确解答，不断提升自己的知识面和能力点。

（4）课堂测试。课堂测试是阶段性测试，也是本教学模式的学习效果检验方法之一，通过课堂测试结果可以评价学习者的整体水平是否达到进入下一单元学习的标准，进而为整体教学进度推进提供参考和依据。为了得到更为真实准确的课堂测试结果，教师在参考原有新模式所设计的习作习题的基础上，也可以根据课程内容的重难点和相关知识点自行设计习题。

（5）教师讲解。此阶段，教师要根据学习者习作的完成情况、课前学习者未能解决的疑问、课中学习者无法解决的难题等进行重点解决，对难以理解的知识点进行整体梳理、总结归纳，并布置新的任务，此时教师便成了翻转课堂进行解惑的主导者，通过教师的讲解帮助学习者完成知识的传递与建构。

（6）实践创新。顾名思义，实践创新阶段，媒介与途径是实践，任务与目标是创新。在此阶段，学习者要以课外实践平台为补充，借助教师在"翻转课堂"中提供的一些"拓展知识"进行实践创新，并检验知识学习效果。同时也可以在线与教师、同学进行互动交流，进一步巩固学习内容，举一反三、融会贯通，不断进行知识的升华与创新。

四、MOOC + SPOC 新型混合式教学模式知识互动支撑体系实例解析

依托中国高校 MOOC 平台，哈尔滨工业大学实施了基于"MOOC + SPOC"的高校计算机内容全面彻底的教学改革。哈尔滨工业大学计算机课程团队借助 MOOC 和 SPOC 各自的优势，实现了基于 SPOC 平台的知识学习和基于 MOOC 讨论区的跨校大规模在线讨论。一方面，他们从计算学科范畴提炼计算思维，提出了用"智慧之树"来概括高校计算机教育空间，率先开设出特色鲜明的《高校计算机——计算机思维导论》课程。另一方面，他们借助 MOOC 和 SPOC 平台的优势，探索了对社会学习者和在校学习者讲授高校计算机思维导论 MOOC 和 SPOC 的新途径。计算机专业导论课程在爱课网正式上线时，13 所高校基于该 MOOC 课程，以同步 SPOC 的形式，共同开展了计算思维教育教学，首次创造了 13 所高校两万余在校生同步学习，超过 14 万人次参与在线讨论的记录，实现了跨校跨专业学生"自学—互学—群学"的新教学模式。

（一）导学支持服务

该课程的导学文档是对整个课程的概况进行新颖详细的介绍，教师和助教会在课程公告栏及时发布与课程相关的通知和提醒信息；同时，还讲解如何应用 SPOC 平台，引导学习者使用各功能模块，为学习者进入平台后提供清晰明确的学习路径。这里的课程须知也

很全面，涵盖课程基本要求、教学方法、教学内容、成绩获得、学分认证等多项内容，而且每一环节都有具体的说明和解释，帮助学习者确定明确的学习计划和学习目标。

（1）课程概述。该课程以新视角和新思维，使学习者初步认识和了解计算机科学与技术学科，了解计算机科学与技术学科的基本思维、问题求解框架及典型的方法论，初步了解计算机科学与技术学科的研究对象及科学技术体系，初步了解计算机科学与技术学科的知识结构及能力培养思路，进而理解本科生计算机专业能力培养与课程设置思想、核心课程的定位及作用，提高后续课程的学习兴趣。

（2）课程大纲。该课程的课程大纲根据教学计划，规定某门课程的教学目的、教学任务、教学手段、教学内容、教学结构、教学要求以及课程讲授、实习、实验、习作的时数安排等。

（3）课程公告。在该课程的公告通知里，课程发布教师会定期对所有学习者公告已学完课程内容的详细情况，并进一步公告应继续学习的部分课程内容，帮助学习者了解本课程应该学习什么和怎样学习，向学习者介绍应学习和掌握的知识脉络，提示学习者应按时完成阶段测试和课后习作，并进行深入的探讨和交流。该环节可以有效地帮助学习者定期完成学习任务，提高学习效果。

（二）学习活动支持

基于新模式学习过程中，在问题讨论区中，学习者针对使用技术等疑问发起主题讨论，可以发帖、回帖、评论或者举报；在学习讨论区中，教师根据课程内容事先设计讨论的主题，组织和引导学习者积极参与讨论。课堂外自主学习阶段，主要任务是阅读教材、自主下载并观看 SPOC 视频课程，并完成每项专题的在线测验练习，对于学习中遇到的疑点难点，可通过网站的课程讨论区与其他学习者共同讨论，学习者在该阶段的学习能够保证学习目标清晰，完成以微视频为核心的知识传递。课堂内知识内化阶段：课前，课堂教学主要是以问题为导向的小班研讨的方式进行，学习者以小组为单位进行学习成果和学习效果展示；课中，针对课前准备的问题进行课上研讨回答；课后，部分时间为"答疑解惑"阶段，教师对共性问题进行集中解答。

课程讨论区。教师根据课程内容事先设计的讨论主题，提出面向思维启发与互动的话题，组织和引导学习者积极参与讨论，以此激发学习者的内在学习动机，促进学习者对问题的深入思考和分析质疑，达到对知识的内化迁移的目的。该课程的课程讨论区由教师答疑区、课堂交流区、综合讨论区三个子版块组成。

（1）教师答疑区。学习者发表关于习作、阶段测试、课件内容等方面存在的疑难问题，希望能够得到教师的答复。教师答疑区能有效促进学习者与教师之间进行深度的知识互动。例如：学习者在教师答疑区的留言"请问存储器中地址线的高低电平是如何区分出来的呢？"等。

（2）课堂交流区。课堂讨论区里呈现的是在课件中作为教学内容的讨论，教师针对课件中播放的教学内容提出相应的讨论话题，以此激发学习者对课程学习的兴趣，促进学习效果的提升。例如："各种高级语言是如何表达程序基本要素的？"等。

（3）综合讨论区。在综合讨论区，学习者可以发表任何想与大家分享的经验及想法，关于本课程课时、学分、证书，以及学习、工作、生活等一般性话题，以此拓宽学习者学习的视野，活跃知识互动氛围。例如："计算机思维对计算机专业学生的未来学习影响"等。

（三）考核评价支持

在考核评价支持环节，阶段测试分为章节测试和期中测试，测试的题目以训练学习者的发散思维能力为导向，每次测试后，教师会及时公布学习者的测试成绩，以此提醒学习者关注自己当前视频的学习状况。习作分为单元习作和期末习作，学习者根据事先设计好的习作模板设计自己的习作，在习作提示栏内有具体的习作要求和详细的评分细则。教师在学习者完成习作后及时地对其进行正误反馈与讲解，能够有效地帮助学习者消化和反思课程内容。评价方式包括教师评价和同伴互评两个部分，同伴互评主要针对习作的评价方式，每10人评价一个学习者的习作，互评根据评分要求有时间的限制和评价细则，10人的互评平均值为该学习者的习作得分。

（四）翻转课堂支持

该课程将翻转课堂上的四个知识互动的重要环节形象地比喻为："亮功夫""找金子""矛碰盾""解疑惑"。

在"亮功夫"阶段，是对新模式课程学习成果的展示，学习者5人一组形成各自的学习小组——每个学习者都需要准备一份关于"算法"的PPT报告，此环节的时间为10分钟；在"找金子"阶段，是对新模式课程学习效果的展示，其实就是通过小班研讨检验学生新模式的学习效果，检验学生能否通过自学将重点、亮点以及学习中的奇思妙想挖掘出来，并在小班研讨时亮出"功夫"；在"矛碰盾"阶段，每个学习者根据新模式课程学习的内容和当堂讨论的主题设计两个题目，并通过网络提交给教师，教师再根据分组情况，按照组内循环的规则把题目分配给学生，在课上进行笔试，即"矛碰盾"。每个学习者既是出题者，也是答题者。因为分组是随机的，学习者在拿到题目前无法知道自己将要回答的是什么问题。完成答题后，每个答题者将自己的答案交给出题者浏览打分。而"矛碰盾"的另一重含义就是，不仅出题者要给答题者打分，评价回答的满意度，答题者也要对出题者的"出题水平"进行评价。"亮功夫""找金子""矛碰盾"一系列环节完成后，按照课程整体设计，每个学习者在开课前可自主选择3次这样的小班研讨，每次研讨的表现满分为15分，并将计入课程总成绩。在"解疑惑"阶段，课程主讲教师对各组发言情况简短评价之后，开始就计算机思维"算法"相关的策略思想、精确表达、控制结构设计、程序设计等关键问题进行"点睛"式的讲解。

上面是对"计算机专业导论"新模式课程在教学实践中整个支撑体系的展示。该课程的"MOOC+SPOC+翻转课堂"教学模式在共享 MOOC 优质课程资源的同时，利用"SPOC+翻转课堂"教学模式获得了师生"面对面"知识互动所带来的思维碰撞和互动效果，实现了 MOOC 与 SPOC 及翻转课堂的有机融合。所以，该课程的支持服务在一定程度上满足了学习者深度知识互动的需求，提升了学习效果。但由于新模式课程支撑体系技术的不断提升，根据本章所开发设计的支撑体系模型和子系统模型，有些支撑体系的功能模块在此课程中并没有完全实现。但随着该课程及其他新模式课程支撑体系的不断发展、完善和创新，笔者将继续在探究新模式课程的实践中开发出功能更加完善、更能满足学习者深度知识互动需求的学习支持服务系统，以达到促进学习者深度知识互动乃至知识创新的目的。

第二节　MOOC+SPOC 新型混合式教学模式知识互动改进策略

一、MOOC+SPOC 新型混合式教学模式知识互动参与意愿增强策略

第三章对新模式知识互动参与意愿进行了深入研究，根据影响因素的分析结果，新模式认知程度、设计因素、心理需求是影响参与意愿的主要因素。因此，针对这三方面影响因素提出如下新模式参与意愿增强策略：

（一）增强学习者新模式的认知程度

1. 教师、助教应成为课程诚心的参与者

与开放课件或网络公开课不同的是，在新模式课程的知识互动当中，教师和助教的角色是相当重要的，他们非常注重教学策略的选择，而且这种选择会充分考虑网络学习的实际情形、学习者的心理状态与自身能力等因素，并对网络课程内容加以精心安排，认真编制课程说明，对知识点进行生动的讲解，他们时常光顾论坛，并及时详细地解答学习者的疑问。学习者对教师的精心付出是能够真切地感受到的，在学习过程中学习者获得了自身被关注和需求被满足的体验，知识互动的参与意愿就会变得更加强烈，学习效果也会更显著。在具有强烈内驱力、相互帮助的新模式情景中，学习者不但有学习热情，更有实际行动。因此，教师、助教成为课程诚心的参与者是很有必要的。

2. 精雕细琢的内容应为学习者提供满意的学习指导、内容导航

在面向全部学习者群体时,教学者需要高度重视结构化设计并突出展示学前要求;而在面向特定学习者群体时,教学者还需要明确课程定位,并对课程进行精细化的设计。课程参与者规模庞大的特性,使学前要求提示显得尤为重要,这种提示的内容往往具有普适性,也就是说课程的内容既不能太过于深奥,也不能太浅显。但这样一来,其结果可能会使一部分学习者感觉学习课程非常有难度,需要首先掌握大量知识作为基础和前提,而对另外一部分学习者来说,却又会感觉课程内容太基础了,体现不出一流名校的真正水平。同时在"无限制"与"开放性"的大环境下,首先要考虑学习者的类型,因为考虑适宜的学习对象对提升学习者知识互动的参与满意度,保证教学质量与学习效果尤为重要。这就要求教学者在课程内容设计时,必须对学习者的学习动机进行权衡把握、区别对待,有的放矢地对学习者提出要求,进而选择出适合课程学习目标、学习内容的教学模式。在采用微视频结合小问题的授课方式的同时,不断创新教学方式、教学内容,从而避免教学形式过于枯燥单一,使学习者参与知识互动的兴趣程度得到有效提升。

3. 广泛深入的交互应贯穿学习者学习过程的始终

SPOC实践中采用了翻转课堂形式,学习者先在线下自学视频课程,然后在课堂上让学习者讲解这些课程,教师进行把关、点评、帮助答疑,课堂成为师生之间和生生之间的讨论、解惑答疑的场所。这一授课形式的良好效果体现在以下几个方面:第一,把授课、批改习作与辅导的任务实现分离,释放教师知识教学的劳动力,让教师的时间真正投入到个性化的交互,也让教师宝贵的指导时间发挥效益最大化。而以往教师的大部分时间都在授课、批改习作上,缺乏精力针对学习者进行个性化、有针对性的指导,因为毕竟对面授课来说,时间总是个固定的量。第二,思辨和身教的补足。以往,教师在课堂里都是进行"填鸭"教学,学习者仅是被动的知识接受者。应用翻转课堂在这点上有望带来转机,课堂时间一旦不再是以知识传授为主的讲课时,就可以在学习者网上自学的基础上,聚焦到探究式的个性教学,包括答疑解惑、深入讨论、实操演示甚至手把手指导等,这才是有灵性的、个性化的教育,才是能培养出独立思考、实践动手能力的教育。教育的重点本就是让学习者接受了知识之后能有所创造。新模式可以借鉴SPOC实践,采取诸多翻转技巧,让翻转课堂真正有益于学习者发展,使得课堂焕发出活力。

(二)改进新模式设计因素

1. 内容设计上应保障知识与信息的收拢

在新模式中,知识与信息的收拢体现在为学习者提供一个知识的出发点,通过提供各种知识获取途径,实现知识与信息的聚集。不同学习者对材料相应观点的创建是通过选择

自己认为重要的内容来实现的，这些观点便成为随后展开讨论和学习活动的依据。

知识与信息的收拢是利用信息推送工具来实现的。多种实时通信工具，如 Facebook、Google+、LinkedIn 等，应该对新模式课程提供有效的支持，通过这种工具将重要的课程内容在平台上进行集中展示，为更多的学习者使用。不言而喻，聚集与课程相关的所有内容是使用这些实时通信工具的目的所在，由于实时通信中呈现的内容都是即时更新的，因此传递的信息也是变化的。通常情况下，分布式的课程中学习者的博客、图片等信息与内容必然要借助实时通信工具来聚集。

学习者自主选择可供推荐的丰富学习内容。例如，China X 课程通过给学习者推荐其聚集到的丰富信息与学习内容，使学习者选择的学习内容范围更加宽泛，不但打破了选择课程本身的局限性，而且还可以将推荐的视频、书目、博客、文章、图片以及论坛等一切学习者所需的内容囊括其中，毋庸置疑，这种自主选择是分布式学习中知识与信息聚集得以实现的前提与基础。

大数据的利用和分析。SPOC 已在利用 MOOC 收集和分析来的大数据，为校园课堂教育作更为完善的教学研究和改进。首先，进一步提升与数据交流的技术。很长时间以来，准确分析大数据都是挑战。以往我们可以将这种分析的无助归结于记录、储存和分析数据的工具不够好，只能通过少量的数据进行分析，就将数据进行简单化处理，这一做法反映了一种无意识的自省，将与数据交流的困难看成是自然的。这就要求我们进一步提高数据交流的技术，建立起与教育大数据利用相符合的数据产生、数据传输、数据利用的硬件和软件，保障数据的有效生成和利用。其次，将数据的收集机制内嵌到新模式教学平台。在当前的教育大数据的工作中，我们要尽快吸引一批对教育和计算机都相对精通的专业人才，通过他们将教育大数据的收集机制内嵌到新模式教学平台当中，并适时地制订出平台的技术规范与行业标准，使产生的数据惠及更多人，通过平台达成的数据共享规定，营造出各大教学平台教育大数据共享的良好氛围，以此最大限度地收集学习者的完整数据，作为数据挖掘和分析的基本依据。

2. 内容设计上应达到知识的再利用与创新

通过互动强化来设计学习情境。因常用的社交软件是参与在线协作学习的必备工具，所以新模式课程中应为学习者及时提供，这种社交软件较多，典型的如 Facebook 和 Twitter 等。在课程中，一方面，学习者通过参与群组或是论坛，可以上传和分享自己的学习成果、学习经验，并与其他学习者进行信息互换，达到信息交流共享；另一方面，学习者可以"边干边学"，在进行软件操作的同时，制作课程相关的图表或视频，这种亲自动手的学习方式更有利于学习者对学习内容的重新建构。

虽然参与课程知识互动的形式众多，但学习者无论采取何种形式，其课程的宗旨都是为学习者在线学习提供平台和支撑。举例说明，为了保证学习者能够顺利获取和学习经验相关的学习资源，同时也为了给学习者提供表达其获得新知的机会，课程中除了提供视频形式的课程介绍之外，还可以为学习者安排阅读材料和互动讨论的模块。因此，为了加强学习者之间的交流与对话，并通过有意义的谈话内容来对学习进行深入反思与不断创新，我们建议新模式课程要为学习者提供丰富的外部资源，当然，这种课程要充分利用多种网络化工具，学习者可以通过课程和网络社区的有效连接为信息源提供良好的外部支持环境，识别和共享社区中潜在的信息。

突出主题，渐进增加内容难度。首先，在新模式课程中对内容的安排要有别具匠心之处。从课程内容的呈现方式来讲，既可按照时间顺序来设计，也可采取重大主题介绍的方式，这种方式便于学习者从宏观层面对知识脉络进行有效的梳理，进而形成比较全面、完整的知识体系。其次，从课程内容的呈现顺序来讲，课程内容应该先易后难，复杂程度逐渐递增，这样一来，学习者的学习过程就会循序渐进，有序推进。最后，从横向来看，同等难易程度的内容也在逐渐增加，举例来讲，除了要求学习者用讨论和测验等不同的形式参与课程内容的学习之外，课程中还可兼顾使用如3D模型、电子地图等，使学习者的认知水平得到有效提升。

3. 内容设计上应实现知识的吸收与共享

新模式课程的开放性是提供给学习者的便利之一，即允许最大限度地开放共享。只有将创造的东西展示在大家面前，别人才可以与它建立连接，即便有时会得到批评，也能收获许多帮助和赞扬，也只有创造开放共享的氛围，才能促进新模式的快速发展。

一方面，在课程设计上，有别于传统模式，新模式均以学习者的学习途径为出发点，将设计的每个环节体现并贯穿于学习者的整个学习周期。从某种意义上来讲，网络课程的发展完善也得益于这种以学习者为中心的课程设计模式与方法。要使以学习者为中心这一理念在新模式中转化为现实，就必须在重新设计新型的网络学习方式时正确地把握网络学习的规律和特征，将网络课程"做活"，将其由固化转为动态的网络资源共享学堂，营造一种进取向上的新型学习文化氛围，在这种氛围中，学习者可以完成从消极被动的消费者到积极的知识生产者的角色转变。同时，为了形成一种取代传统学习文化的超循环新型学习文化，必须对网络课程的教学模式、学习模式进行重新设计，以增强学习者的学习自主性与自信心，但这种设计必须在网络学习的特点、规律被熟悉掌握的基础上进行。这种新的学习文化的优点是不受时间与空间的限制，通过有效的交互式学习，保持学习的持久力和深刻度。坚持以学习者为中心的原则来开发新型课程，有效地转变了传统学习思想。

另一方面，在深化课程资源建设上，同样也要以学习者为中心，要注重"由点及面"，即通过知识点的引申结成知识网络，并在知识网络中进一步深入扩展各个知识点，毫无疑问，这是有利于学习者深入学习的。因此，我们所提倡的课程资源的建设和改进均是以学习者的思维方式、学习需求、实际环境为基础来进行的。

(三）满足新模式学习者心理需求

1. 搭建良好的交互平台，提升学习者的互动价值

学习资源、教师、学习者以及平台通过知识互动相互联系起来作为新模式的构成元素。对教师和学习者在学习过程中的体验和感受高度重视，是新模式教学平台区别于传统课程的一个重要体现。众所周知，在传统课程中，教师都会严格地按照教学大纲来传递知识，不允许学习者按照自己的进度来接受知识，但在新模式课程知识互动中，这种学习者自主掌控接受知识节奏却是一件非常容易实现的事情。无论传统模式课程还是新模式课程，知识学习过程中，我们最终关注的都是学习效果。对于提升学习效果来讲，知识互动无疑是非常重要的，在这方面，新模式相比传统模式有着更为突出的优势，其通过搭建良好的交互平台，便于学习者之间互相认识、讨论与课程相关的问题，使共同学习变得更容易实现和更加便捷。从实际应用的角度来讲，交互平台作为学习者有效的学习辅助工具，在新模式课程中越来越被学习者重视。从学习者的实际需要出发，构建一个良好的交互平台，既是组成优秀课程平台的重要部分，又是新模式课程健康发展的必备条件。

2. 持续强化学习支持，不断满足学习者自主需求

学习支持是学习持续的前提和保障。在前面的论述中，我们已经明确，参与式学习是新模式有别于传统模式的突出优势之一，学习者在学习过程中首先要作为学习的"主人"，由被动转为主动，因为学习者不仅是内容的消费者，更是内容的开发者和创建者，学习者的角色从资源浏览者转变为交流与学习的体验者，这种"主人翁"式的学习体验，能够极大地调动学习者的积极性。通过参与式学习方式为广大在线学习者提供良好的支持，学习者的学习能力也必然会大大提升。在新模式课程中，我们要广泛利用 Web 2.0 理念，如电子邮件、博客等来持续强化学习支持，为在线参与式学习提供必要条件。此外，在强化学习支持的同时，也要高度重视对学习路径的引导和学前导航，这无疑是提高学习效率的一个重要方面。在课程开始之前，学习者首先要了解上课时间及课前需要准备的资料，这些都需要授课教师通过邮件或以平台公告等方式提前告知。作为延伸，授课教师还可以依据课程的不同性质、内容特点，建议和引导学习者采取相应的学习方法或学习技巧，为学习者提供明确的引导，使学习者的自主需求得到较好的满足。

3. 营造良好的情感氛围，促进学习者产生思想升华和自觉意愿

良好的深度互动知识氛围能使学习者受到感染，体验到一种积极进取的整体精神追求。首先，我们要创设良好的文化环境，这种文化环境是会高度重视成员的团队精神，注重培养成员间的凝聚力。新模式知识互动的文化环境应该是和谐、充满活力、富有创新意识和有一定组织规范的开放式环境。可以想象，在这种环境下，学习者之间友好交流、团队合作、协作学习、坚信通过知识互动与大家分享知识，必将有利于新模式的发展和学习者自身价值的实现，并能自觉坚持这一理念。其次，创设深度互动知识共享氛围。良好的

新模式知识互动信任氛围更有利于学习者获得知识，这种信任氛围的营造是授课教师或课程团队要肩负的责任，教师要鼓励学习者在知识互动中表现自我、发出声音和思想，要在信任氛围的基础上为学习者创造友好与平等的知识共享氛围；鼓励学习者在知识互动中分享知识、资料、学习心得；还要建立知识分享与共享的机制来营造一种自愿参与交流的新模式知识互动氛围。最后，要积极寻求方法，以缩小不同学习者之间的知识差距。学习者个体的不同，也就决定了学习者之间必然会有知识差距，虽然这种知识差距既包括知识背景的差异，也包括所掌握知识的广度和深度的差距，但并不是不可后天"弥补"的，新模式教学平台可通过设置多样化的知识表达工具，如使用图形、图表或视频等方式将互动中复杂深奥、难以理解的知识表达出来；对于语言交流的障碍，要设计语言在线翻译工具，帮助学习者之间有效地进行知识分享和转化。

4. 提升学习者参与知识互动的价值感知

一是学习社区功能的完善。建立学习链接，构建起有机的学习生态社区是新模式学习支持的重点。学习社区的学习应以关键词检索与链接、图片链接等为核心技术，形成一个围绕课程的核心网络架构；积极构建包括微博、维基、论坛等外部的学习网络社区。二是"因材施教、因需寻解"。不同的学习者具备的知识和技能基础是各不相同的，同时不同的个体学习需求及学习困惑也差异较大。因此，新模式教师应该在学习者之间进行的各种交互性讨论、反馈中重点挖掘出学习者的个性化需求，针对学习者具备的知识和技能基础来设计解决方案，切实做到答疑解惑。通过交流平台的人性化设计，为学习者分享和交流知识提供便利。讨论区功能应划分细致、导航明确，以便学习者检索讨论主题。

5. 提升学习者参与深度知识互动的愉悦感知

首先，要使学习活动在互动与交流协作中进行。新模式教学平台的这种互动与交流协作体现在学习者之间以小组为单位进行学习，当然，这种小组可以利用平台进行自动划分，组内成员或组与组之间随时可以进行互动，小组的学习过程、讨论过程、学习成果均可由平台在线协作工具进行及时记录，同时平台也支持学习者进行协作来共同完成小组任务。其次，提倡通过激励手段来提升知识互动的趣味性，积极参与讨论的学习者可以获得教师奖励的荣誉徽章或适度的成绩加分。最后，通过多种方式降低学习者感知互动的成本，在新模式知识互动过程中，教师应详细、合理地解答学习者的疑问，对不同学习者的疑问进行归类，可推荐持相同疑问的学习者，通过互助交流，共同讨论问题，建立友好的协作关系，共同分享彼此的知识；同时，学习者对讨论的问题进行积极的回答和反馈也是必不可少的，这方面授课教师也应积极地加以引导，表扬和鼓励大家彼此分享自己的知识，以此降低学习者的精力投入成本，提升学习者的社会资本价值。

6. 降低学习者参与知识互动的成本障碍

提升学习者知识互动的行为动机。教师或有能力的学习者对其他人的问题应给予最大程度的帮助和支持，以此增加彼此间的依赖和信任，增强互惠动机；满足学习者的求知欲和好奇心，帮助学习者树立学习的自信，增强认知动机；培养学习积极的利他动机。降低知识互动障碍认知。学习者感知成本障碍、沟通障碍和信任障碍等是长时间困扰学习者进行深度互动行为的障碍因素，因此课程教师应及时回复和反馈学习者的问题，鼓励学习者彼此间分享自己的知识，通过多样化的知识表达工具的设置等系列举措来降低学习者的障碍认知。

二、MOOC + SPOC 新型混合式教学模式知识互动的支撑体系完善策略

对于新模式来讲，支撑体系缺乏对学习持续动力保持及由此带来的不利因素是其学习存在的最大问题。良好的学习支撑体系环境，能够为学习者提供良好的状态和进度，以便顺利有效地完成学习，可以说良好的支撑体系环境是提升学习者学习效果和新模式得以发展的重要条件和保证。俗话说，工欲善其事，必先利其器。因此，新模式的知识互动首先应该为学习者提供能够自主学习的支撑体系，课程设计者要以能够为学习者提供最大帮助与支持，能够有效解决学习者学习困难为己任，精心设计学习支撑体系，以满足学习者的实际需求。

（一）设计个性化的导学服务

导学服务作为入门学习的前置服务，既是新模式学习支持服务的起点，也是新模式学习过程中非常重要的一环。导学服务做得好，会对学习者学习起到事半功倍的作用。导学服务，一方面重在引导，即引导学习者了解课程的学习方式方法，引导不同的学习者适应新的学习环境；另一方面，贵在体现个性化，因为学习者的基础和起点不同，在信息加工能力、知觉偏好等方面都存在差异，一致性的导学服务并不能起到普适的作用，只有适应新模式学习者的个性差异，做好个性化的设计，才能使不同个体结合自身的特点做好相应的知识、技能和心理准备。当然，做好个性化的导学服务，了解学习者个性差异的本质特点是必要的前提条件。在这里，我们要提到"学习风格"一词。何谓学习风格？简单来说，就是学习者在学习时所具有的或偏爱的方式。学习风格是一种具备相对稳定性和独特性的个性心理特征，之所以引入它，就是因为它能够直接地体现出网络学习者的个性差异，因此，可以将其作为个性化导学策略设计的依据。谈到这里，所罗门的学习风格测试值得我们参考和借鉴。CMoodle 依据相应的计算方法，根据该测试量表在 Moodle 平台上开发了一种自测活动软件，这种软件可以布置在课程的任何位置。针对首次注册新模式课程的学习者，学习定制服务模型选取 44 道题对其进行所罗门学习风格分析测试。通过测试，得出"综合型与序列型""言语型与视觉型""沉思型与活跃型"以及"直觉型与感悟型"四种学习类型，然后针对这些类型的特点，课程设计者事先有的放矢地设置个性化的学习任务，并自动将学习任务推送给相应的学习者。

（二）完善学习环境支持

学习环境是影响新模式课程教学质量最为关键的因素之一，良好的学习环境对于促进学习者高效的知识互动有着极其重要的作用。优秀的学习逻辑组织、课前导学方案、明确的导航功能路线、功能全面便捷的指示和搜索等方面的不断完善能使学习者有更好的学习体验，而这种学习个体体验是需要兼具人性化设计与重点性及创新性的知识互动工具来加以实现的。在深度互动工具选择方面，不仅要考虑学习者的个人体验、语言能力、学历水平、知识储备等方面，还要兼顾互动工具的及时性、有用性、便捷性以及隐私性等多方面功能。换言之，大多数学习者能够接受的使用习惯是应该给予重点考虑的；在视频的呈现上，教师除重视视频的清晰度与流畅度外，还应不断地补充和更新部分SPOC视频，逐步建设符合学习者的新模式教学资源，由此保证教学质量；在视频录制方式上，提倡灵活多样，例如：实地拍摄视频，现场讨论式和访谈式，甚至是可汗学院式的视频等；在视频播放过程中，笔记区适量增加是很有必要的，既能够随时记录学习心得，也能够与他人分享；在课程设计过程中，一些温馨提示是必需的，如对课程进度的提醒、入门基础及各方面准备的提示等，这样学习者就会有备而学。同时也要加入一些好的学习活动，增加学习者的参与度，如可以通过增加学习进度条的方式，让学习者清楚自己的学习情况；在课程内容呈现上，虽然微视频或微主题时常被采用，但值得注意的是，视频与视频之间一定要衔接好，好的衔接可以唤起学习者对前面知识的记忆，也有利于更好地接受新知识；此外，在新模式课程中还可以适当增加一些与就业相关的板块，比如课程后授予结业证书，这样能够为学习者提供更多的就业机会。

（三）加强学习活动支持

创设知识互动的学习活动，使学习在交流协作中进行。国外有关学者指出，如果学习者能够成功地向其他学习者发起和保持在线交互，这对他们学习的投入程度会产生强有力的影响。一是设计一些有建设性的讨论话题；二是建设界面友好的论坛，便于学习者轻松快捷地找到每一个讨论主题的线索；三是教师本身应该积极并以适当的方式参与论坛，为学习者创建一定的协作提纲，亦可以让学习者自发地进行协作；四是论坛功能的多样化，利用QQ、微博等社交网络媒体丰富论坛功能，评价方式应多样化，并采取有效的办法监督和保证同伴互评的质量。开放新模式课程可以考虑设立课程的维基百科（课程Wiki），通过创建一些导论性、用于厘清思路和构建各名词关系的词条，在"碎片化"的"事件"中，建构出一个理论体系，毕竟，知识的系统化和结构化对于构建和理解知识点也是非常有必要的；同时，难度较大的延伸或拓展阅读，也可放入词条以充实内容。

（四）改进翻转课堂支持

为适应新模式知识互动的教学需求，教师的专业素质和敬业精神必须有所提升，必须不断更新和改造自己的知识与技术,加强学习和培训,培养出能满足翻转课堂需要的教学团队;通过进一步完善评价体系,对学习者课外学习环节进行监督;对已完成的课前任务表、课堂讨论内容、习题等教学资源进行细致的整理和修订;加强交流学习,相互借鉴、相互学习,切实有效地提高翻转课堂的实施效果。因此,新模式下的翻转课堂,需要增强学习者的学习自律性,提高自主性学习能力,鼓励学习者更多地参与讨论互动环节。尽可能选择语言生动活泼、多媒体性强、以中文授课为主的微视频课程,以提高学习者翻转课堂的学习兴趣;通过网络、电话随访、课堂汇报自主学习材料等方式加强自主性学习考核,培养学习者的学习自律性;通过课堂表扬鼓励、考核加分等方式,鼓励学习者参与学习讨论互动。

(五) 国家政策支持

新模式的出现带来的益处是显而易见的。首先,它为许多学习者提供了在线学习和线下知识互动的机会,这种机会又促进了教育公平,对提升教育质量也有明显的作用;其次,通过对教育模式的创新,推动了教育变革,实现知识再造和知识创新,同时对推动教育信息化的深入发展也起到了积极的促进作用。无疑,新模式的发展将会产生巨大的社会效益,这种社会效益已经引起了政府的高度重视,并相应地给予了必要的支持。但是对于这种支持,我们建议,应以政策支持与引导的方式介入,而非简单的政府直接干预,这种介入更多地应该体现在有序引导社会力量多方参与新模式建设,为新模式发展提供良好的政策环境,各方要统筹协调、分工协作、形成合力,共同助推新模式的发展。从高校层面,其作为新模式的发源地和主战场,既要充分发挥其促进新模式发展的主体性与自主性作用,又要发挥其示范性和引领性作用;从国家层面,要加快互联网基础设施建设,推动教育法制建设,加大经费投入,加强人才培养,提供充足优质的人力资源;从各类教育协会的角度,也可发挥协调各方、整合资源的积极作用,资助和鼓励与新模式相关的理论研究。

三、基于知识互动的 MOOC + SPOC 新型混合式教学模式的效果提升策略

(一) 教学效果提升策略

1. 注重新模式教学内容的表达

第一,有效利用不同类型的多媒体来表达新模式课程的内容。由于不同的学习者有不同的学习风格和不同的媒体偏好,所以新模式教师要合理利用视频、音频、文本等多种媒体方式为学习者提供学习资源,即使是同一教学内容也要尝试用不同的方式来表达,以满足不同学习者的学习偏好与需要。第二,新模式教学内容的吸引力可以充分利用教学团队不同的教学表达风格来提升。比如,可由主讲教师团队共同提供新模式教学内容,让学习者每周都听到不同的观点,感受不同的教学风格、内容与知识互动方式,这样学习者会在

整个学习过程中始终保持一种新鲜感。第三,新模式课程教学视频的制作也要重视,整体上,制作教学视频涉及视频长度、教师语速、视频类型、制作风格——包括基于PPT播放的、基于教师手写的可汗学院式的、基于教室实录的、基于演播室录制的、基于教师头像等形式。

2. 引入第三方评估,直接客观地获取教学数据,用优异的教学成绩反哺本科教育教学改革

如今MOOC平台多样化、MOOC课程同质性、课程学习差异化等现象以及平台和课程质量的参差不齐,让学习者感到无所适从。

对于高校而言,新模式无疑是有效弥补MOOC短板的教学模式,在全面深化教育教学改革的过程中,引入第三方评估,用最直接和最客观的数据指导教育教学改革,显得尤为重要。与此同时,新模式教学效果评价体系构建作为本科教育教学改革的重要抓手之一,要通过不断完善体系,带动更多的师生参与课程教学改革,促进教学质量不断攀升。

3. 通过教师自身能力素质的提升调动学习者知识互动的积极性

教师的能力和水平对新模式学习者的学习有着至关重要的作用,决定着学生知识获取的层次和参与知识互动的积极性。与传统模式不同,在新模式课程中,教师在具备较强主体责任意识的基础上,一方面,要更广泛地涉猎和学习国内外知名学校的优秀新模式课程资源,不断地增加自己的知识储备,不断地提升自己的知识水平和解决实际问题的能力;另一方面,也要熟练掌握新媒体技术,通过经常参加各种新模式课程相关的学习培训或是积极借鉴其他新模式课程优秀团队的成功经验,提升自己答疑解惑的技巧和方法。

新模式的知识互动是一个经常性、持续性的过程,知识互动的前提和基础是教学者和学习者双方或多方的积极参与,参与本身就需要教师投入更多的时间与精力,在自身参与的同时还需对学习者实施有效的引导。教师的引导能力和方法技巧对加强学习者知识互动意愿能起到有效的促进作用。在知识互动行为表现微弱时,教师应主动发起话题进行引导,将知识互动话题由简单回应的浅度互动引入到深层思考的深度互动,并抓住能引起深度知识互动的关键时段和制造能引起深度知识互动的机会。同时,教师的积极参与也有助于提高课程质量和学习者参与知识互动的积极性,教师的权威性和吸引力使学习者更愿意与其进行知识互动。

4. 构建一个多维度动态化的教学效果评价体系

构建一个多维度动态化的教学效果评价体系是"大数据""互联网+"时代课程教学信息化的一个重要环节。该评价体系以学习者为中心,以过程性评价为主体,通过多维度动态化地评价学习者自主学习的过程,从而激发学习者知识互动的兴趣和动机,促进自主学习能力的发展。有效激发教师对于构建这一新型教学模式的积极性,并结合本校特色,根据不同学科形成有针对性的教学模式,进而科学、规范地推动新模式教学效果评价体系建设。

（二）学习效果提升策略

1. 学习者需提升自身能力

参与新模式课程学习并非对所有人都"免门票"，它对参与课程学习也设置了一个门槛，对学习者还是有一定要求的。从多年的教学实践来看，学习者必须具备以下能力，才能获得良好的学习效果：

首先，要提升基本学习能力。第一，提升信息技术能力，也是一种驾驭网络媒体的能力。作为一种新模式，具备信息技术能力是学习者参与的第一道门槛，这也是新模式在提出之时便明确了的，新模式课程资源来自网络，知识互动、答疑解惑、社区讨论、阶段测试、同伴互评等众多教学环节及过程也需要借助网络平台来现实，只有具备了这种能力学习者，才能够保证新模式教学活动的顺利开展。第二，应具备良好的英语能力，这也是为新模式学习者设置的第二道门槛。这种语言能力基础，依据目前学习者的分布来讲，准确地说应该是英语能力基础，这种能力必须足够支撑完成高校层次的课程学习。第三，学习者应具备自我调节、适应学习的能力。第四，必须强调，学习者的自主学习能力尤为重要，这也正是新模式较之以灌输式、被动式为主的传统教学模式对学习者要求的最大区别。在新模式学习过程中，学习者首先要搞清楚自己的学习动机，即为什么要学习这门课程？要学习到什么程度？要有明确的学习目标，而不是盲目地受从众心理驱使，这种自愿学习、自主构建知识、互助协作的学习能力既是基础又是保障。

其次，要提升知识创新能力。第一，增强知识获取能力。这种知识的获取是以自主学习与互动式学习的途径来实现的，这种方式被认为是学习者进行新模式知识互动的精髓所在。自主学习、互动学习是一种意识，更是一种态度，当然，这种意识或态度在整个新模式学习过程中可能不会恒定，这就需要教师帮助学习者加以保持和继续。在实践过程中，可以通过对学习者开展适当的技术培训，增强其熟悉、适应技术化新模式学习环境的能力或是提高其计算机的软硬件操作技巧等方式来增强学习者知识获取的能力。第二，增强知识传递能力。知识发送者需要通过对隐性知识和显性知识的学习来增加知识、技术等学习资源的积累，并以此为基础提升语言编码能力，从而保障知识的有效传递。第三。增强知识吸收能力，知识吸收能力是能否进行知识共享和知识创新的前提和基础，新模式学习者应努力提升自己的知识水平与经验能力，以促进其对所获取知识的消化能力和增强对新知识的认知。教师应鼓励学习者在知识互动中分享知识、资料、学习心得；并建立良好的知识互动机制来营造一种自愿参与交流的新模式知识互动氛围，以保障知识的有效吸收。

2. 同伴评价可以增加学习者的参与度和学习热情

首先，评分标准详细是关键。详细的评分标准一来可以更全面、客观地衡量学习者的学习效果，使教师的期望被学习者所感知；二来在改进学习者习作或同伴互评习作方面也具有积极的指导作用。其次，在同伴互评中定性评价尤为重要。相对定性评价来讲，当然还有定量评价。在新模式课程中，定量评价也可以说对学习者的习作进行分数量化，这种分数量化是以教师提供的每个评分点下的评分等级，即以评分分数为依据的，对学习者的习作评价，只需参照评分点和对应的分值给出相应的分数即可。定性评价则是以文字反馈的形式对学习者的习作给予评判，这种文字反馈既为学习者指出其习作中的具体错误和问题，又对学习者习作应得的评价分值及依据给出详细的解释，还可以帮助学习者提出习作的改进参考建议。无论是定性评价还是定量评价，开展大量的同伴评价活动，无疑会在一定程度上提升学习者的参与度，提高学习者的学习热情。

3. 学习效果的评价应采用多元化的评价方式相结合

首先，要充分借鉴网络新媒体环境下 Blog 日志评价和电子档案袋评价这两种新型评价模式。在谈到 Blog 日志评价时，我们通常想到的是，学习者在上网检索资料时，往往会将网页保存在文件夹里，以便日后需要时再去查找，虽然能对资料进行简单的分类，但如果他日再去查找各个零散的资料时往往也很麻烦，既费时又费力。但 Blog 却非常简单易学，即使对于网络新手来讲，也可以轻松地将各个网站上的零散资料汇总在一起，并根据自己的需要附上相应备注，这样一来，日后要想查阅相关资料就变得极为方便了。下面我们来谈一谈电子档案袋评价，这种评价模式借鉴了目前国外正在探索的"学习者电子作品集"模式，也可以称为"电子文件夹"。这种"文件夹"能够将每个学习者在本门课程学习期间做的所有工作总结整理到其中，制作成个人和小组网上学习主页。该主页的内容是相当丰富的，既涵盖了学习者的学习计划、学习体会和读书笔记，也将学习者的调查报告、讨论记录、演示文稿等囊括其中。这个"包罗万象"的资料库，能够保存和全面反映出所有时段学习者的状态和取得的成绩，作为学习者成长和进步的记录仪，为学习者学习效果的评定提供了一个翔实的依据。其次，多种方式相结合的动态综合评价。传统模式下，大家更注重在期末时对学习者的学习效果进行评价，这是一种典型的终结性评价，对结果的重视往往忽视了对学习过程的关注，考试得高分成了大家的最爱，在高分光环的照耀下学习的真正意义被忽略，这种评价也可以认为是面向"昨天"的评价，对学习者一生的发展并未引起足够的重视。新模式的出现打破了传统模式的评价体系，原有的评价模式已经不再适用，针对新模式的特点，我们更提倡多元化动态的综合式评价，因为每一种评价方式都有其自身的优缺点，无论偏重哪一种评价都会对学习者的学习效果产生影响。例如前文所述的定量评价与定性评价。如果单一过多地使用量化指标来对学习者进行评价，会使学习者更多地关注结果，而忽视更重要的知识互动过程，这种必然会带来阶段性的优劣比较，从而挫伤和打击学习者的积极性；反之，如果过多地使用定性评价，也容易使学习者只看重学习过程而忽视学习结果，学习者的点滴进步不容易被自己感知，阶段性的进步带来的自豪感和成就感缺失，又容易打消自主学习的积极性和自信心。

第七章 基于 SPOC 的学校体育学课程教学设计与实施

第一节 SPOC 在高校体育教学中应用的可行性分析

一、政策方面

国家大力倡导和支持信息技术教育在课堂应用，提高课堂教学质量。《国家中长期教育改革和发展规划纲要（2010—2020 年）》以及《教育信息化十年发展规划（2011—2020 年）》等都强调要以信息化学习环境建设和优质教育资源为基础，以学习方式和教育模式创新为核心，提倡教育内容、教学手段及方法现代化。SPOC 作为远程教育发展的产物，是一种新兴的信息化教学手段，值得在高校体育课堂中进行尝试、改进以及推广。

二、学习工具方面

随着当前科技的发展，手机、电脑等工具在高校学生中已经普及，特别是智能手机等移动端的出现使学生能够随时随地进行 SPOC 形式的线上学习，也为学生利用碎片化时间学习提供了便利。

三、学生方面

高校学生经过多年的校园学习生活，已经具备了一定的学习能力，并且其知识以及经验储备足够胜任 SPOC 形式的学习，只需进行 SPOC 学习流程和方式的普及，并且高校学生能够灵活地运用手机、电脑等工具以及软件，适合作为 SPOC 教学对象。

四、教学形式方面

SPOC 教学符合有效教学的理念要求，例如，高效利用时间、学生高比例课堂参与、良好的师生互动、开放性教学等一系列要求，且 SPOC 教学形式已经在其他学科中得以运用，取得了良好的教学效果。同时，SPOC 体育课程教学形式也符合《全国普通高等学校体育课程教学指导纲要》中提出的尊重学生课堂主体地位，倡导开放式、探究式的教学理念以及个性化、多样化教学方法的要求。

五、教学资源方面

目前网上有很多体育课程资源，为 SPOC 高校体育课程教学的开展提供了大量的教学资源，便于教学的开展。

六、线上学习平台方面

腾讯的 QQ、微信等软件能够基本满足内容资源管理、在线交流、任务发布、习作提交等需求。

本研究的 SPOC 体育教学流程是在传统体育教学流程的基础上融合了 SPOC 形式教学的特点进行的设计。

查阅相关资料发现，教学设计流程主要包括三个方面：背景分析、设计过程、设计评价。其中背景分析主要包括学习者分析、学习需要分析、学习内容分析；设计过程包括教学目标设计、策略设计、媒体设计、过程设计；设计评价包括教师评价、学生评价、体育教学设计的评价。

本章构建的 SPOC 体育教学流程遵循了教学设计的基本流程（图7-1），同时具备了传统体育教学设计流程以及 SPOC 教学设计流程的特点，包括前端分析、教学目标制订、教学任务分析、学生分组、课程媒体资源开发、中期翻转课堂教学及后期评价等。

第二节 SPOC 体育教学设计的背景分析

一、SPOC 体育课程学习者的分析

（一）学生起点能力的分析

1. 知识起点能力

学生原有的认知结构是影响体育课堂教学的重要因素，原有知识结构的完整程度以及

掌握情况严重影响新的技能学习效果，新的课堂教学的主要目的是学生将本身所具有的认知结构以及新的学习内容结合起来，如果要达到促进新的知识学习的目的，应当将学生本身所具有的认知结构和应当学习的新的知识连接起来。

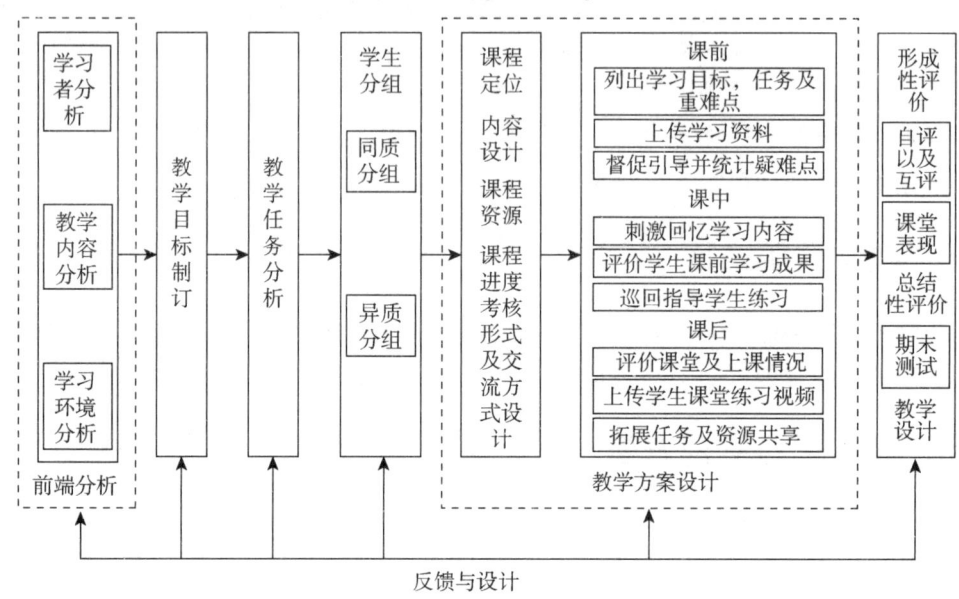

图 7-1 SPOC 体育教学设计流程图

基于认知学习理论的指导，学生原有知识结构的掌握程度对学生新旧知识的衔接学习影响很大。对学生进行知识起点能力的分析，能够对学生本身所具有的认知结构情况有基本了解，从而确定课前补充及新授的主要内容。因此，通过对学生知识起点的了解来掌握其认知结构情况是 SPOC 教学前端分析的重要环节。

学生知识起点能力包括运用 SPOC 教学平台的能力。学生运用 SPOC 平台的熟练程度是开展该形式教学的关键。

2. 技能起点能力

体育教学中，技能学习是主要部分。学生学习前所掌握的技能是后续教学过程中学生的技能起点，同时也是教师的技能教学起点。在教学过程中，既要对学生本身所具备的技能知识及水平进行评估，也要考核其在新的课堂教学所掌握的新技能。

针对 SPOC 体育教学，学生在线上课堂进行技能知识的学习，线下课堂则进行技术练习。教师通过对学生课堂问答及技术动作的观察了解其技能掌握水平，有利于后期技能教学的连贯性开展，因此，技能起点分析也是学生起点能力分析的重要部分。

（二）学生态度起点分析

学生学习态度是指在特定的情况下个人用特定的行为方式来反映自己的内部心理活动，不同的心理态度会在不同程度上决定个人行为，所以学生的学习态度会严重影响其学习效果。

传统教学模式下，学生以教师为中心，习惯被动接受知识，而非主动构建和发展学习认知。而 SPOC 是一种基于新媒体的线上线下混合教学形式，强调学生学习的自主性。SPOC 形式体育教学要求学生参与分组形式的讨论以及自我延展性认知活动，因此学生对该种新形式的教学态度是 SPOC 在体育教学中顺利开展的重要前提。

（三）学生学习风格的分析

学习风格是指学习者个人对知识和信息的个性化加工和处理的方式，是智力的个性特征。学生在学习过程中，对不同的刺激能够呈现出不同的反应，学生学习风格差异对学生的学习活动以及教师的教学活动都有一定影响。准确把握学生的学习风格能够帮助教师对学生进行更具针对性的教学。然而依据学生的感情需求、社会需求、环境和情绪需求等，学生的学习风格也各不相同。

对学生学习风格进行分析，可以为 SPOC 教学中的学生分组提供依据。学生的线上和线下学习要求进行组别分类，线上小组合作形式的课前互相答疑、疑难点突破、在线拓展练习等，线下体育实体课堂学习中学生分组互评价等，都需要依据学生的不同学习风格进行划分，这种分组能够在一定程度上促进学生的合作学习效果，发展学生的自主学习和探究能力以及团体协作能力等。

（四）学习需要的分析

体育学习需要的分析主要与教学目标的明确有关，学习需要的分析解决的是为什么学以及为什么教的问题。需要可以分为比较的需要、标准的需要、感到的需要、预期的需要、表达的需要以及危机性事件的需要等。SPOC 教学所开展的是小规模、具有限制性的翻转课堂混合学习模式，课程以学生兴趣为导向，教师设置限制性准入条件选择学生参与 SPOC 学习。学生依据需要选择该形式教学课程，属于感知的需要范畴。

二、体育课学习环境的分析

体育课学习环境的分析主要包括两点，分别是 SPOC 学习平台的学习环境分析及课堂教学环境的分析。SPOC 学习平台的学习环境分析主要是对学生能否顺利展开 SPOC 学习进行的分析，课堂教学环境分析是对线下教学能否顺利开展进行的分析。除此之外，还包括其他一些辅助性的多媒体工具分析。

三、体育课教学内容的分析

体育课教学内容的分析主要是以学生从起始能力到终点能力所需要的技能和知识为对

象,并且对于知识及技能上下、左右的关系进行剖析的过程。进行教学内容的分析时,应确定体育教学的内容及其广度和深度,揭示体育教学内容中各部分间的联系。体育教学内容主要指为达到教学目标而要求学生学习的技能知识以及理论等知识的总和,其具有课程、单元和项目三个层次。体育教学内容分析主要指针对课程实施方案、各水平教学计划、学期教学计划、各单元教学计划、学时教学计划等教学内容的分析。

在对SPOC体育进行内容分析的时候也应当依据教学目标进行分析,因为公共体育学生技能需要达到的目标水平与体育专业学生不相同。所以,在编制学期以及单元教学计划时,以此为标准进行编制和实行方案,情感以及认知目标亦是如此。

第三节 SPOC体育教学目标的制订

体育教学目标是指体育教学过程中教师和学生预期达到的学习标准和结果。教学目标是教学设计的主要依据,对于师生的学习和教学活动安排、教学方法的选择、教学效果的测量评价有着重要的定向作用。体育教学目标包括总体目标、学段教学目标、学年教学目标、单元教学目标、课时目标。目标的设置原则遵循便于学生学习、教师教学以及教学评价的原则,教学目标应当难度适宜。

目标设计的主要步骤分为对学习对象的分析以及教材内容的分析,这两种分析已在前端分析中有所涉及。学习对象的分析包括起始能力、学习需要、一般特点分析等;教材内容分析主要分析教材的特点和功能,清楚认知学习者所需掌握的知识、技能,所需培养的心理品质、社会适应能力,以及所需加强的学生思想品德教育和体育活动能力。依据《体育与健康(体育)课程标准》,体育教学目标可分为运动参与目标、运动技能目标、身体健康目标、心理健康目标、社会适应目标五个方面。这五方面可归类为情感、认识以及技能三类,且这三类目标均同时包括课程教学对象、学生的体育行为、确定行为的条件及目标的实现程度四部分。

SPOC教学目标在技能以及身心健康方面与传统教学类似,而在认知与情感方面则不同。SPOC体育教学相比传统教学更加侧重于学生对学习信息的深度加工、知识体系的主动构建、高阶级思维的批判、知识的有效转化迁移和对实际问题的解决能力及自我认知等。课程结束后,相较于传统课堂,SPOC体育教学更加有利于学生延展性认知评价以及自我评价等方面能力的提高;同时,SPOC体育教学的小组协作式的学习有利于学生集体意识及互帮互助情感的发展。

第四节　SPOC 体育学习任务分析

　　学习任务分析是指在教学活动前，提前对教学目标中规定的，要求学生获得的能力或学习倾向的构成成分及成分中各层次关系进行的一些分析。学习任务分析主要包括确定学习者的起点能力、分析使能目标及支持性条件三个方面。学习任务分析的方法主要包括层级分析法、归类分析法和信息加工法。

　　在开展新的理论和技能学习时，学生原有的学习习惯、学习方法以及掌握技能是影响新内容学习效果的关键。教师确定重点目标后，首先应分析学生的起点能力；开展体育理论和技能教学前，一旦发现学生缺乏教学必需的先行技能，应及时予以补救，先行技能的了解可通过小型测试或者调查问卷来完成。使能目标的分析是指对目标能力以下的子集能力所对应的教学目标的分析，如各单元体育教学目标是各学期体育教学目标的使能目标。支持性条件对重点目标的学习具有一定影响，如学生在学习动作技能时需要学习态度以及体能方面的支持。在 SPOC 学习过程中，相较于传统的体育课堂学习，其应当具备更多的支持性条件，如平台的支持、多媒体技术的支持、学生学习态度的支持等。

第五节　SPOC 体育教学策略

一、教学内容的呈现顺序

　　教学内容的呈现顺序是指对体育课程各项目或某个体育项目各技术动作在整个教学阶段中的呈现顺序。SPOC 体育教学流程构建过程中，教学内容依据教材及引进的资源进行整理构建并使其呈现出合理的教学顺序，如将完整的项目分解成不同的技术动作，而各技术动作分解成循序渐进的单个动作。线上资源在开发过程中也应遵循这个教学内容呈现顺序进行线上课程资源的建设。这一过程教师在进行 SPOC 体育线上课程资源建设时应当关注，并依据教学时间制订教学计划，使 SPOC 课程资源以合理的顺序发布到教学平台上。

　　在教学内容呈现顺序方面，SPOC 教学具有一定的限制性准入特点，在有限的人数下便于教师开展具有针对性的个性化教学，因此，教学进度的安排应根据学生实际情况进行及时的调整。SPOC 个性化教学策略充分尊重学生的个体差异，针对学生的不同学习情况调整教学计划和教学内容的呈现顺序,以达到每一个 SPOC 班级学生能够取得很好的学习效果。

二、SPOC 体育教学组织形式

教学组织形式主要以班级为单位,在班级内部采取分组教学的形式。依据 SPOC 前期分析了解学生基本情况,根据性别、运动能力、学习风格、知识起点、技能起点、学生人际关系等进行同质性或异质性分组教学。

(一)运动能力分组

根据运动能力水平可将班级同学分为优、良、中三种类型。对高技能水平小组可适当增加学习内容及学习难度,在技术细节处理方面可提出更高的要求。而对身体健康水平较低的同学可在教学内容及技术细节处理方面降低要求,并且可增加一些基本的身体素质练习,以缩小班级学生间身体素质的差距。

(二)技能起点的分组

依据学生的技能掌握情况进行分组教学。对技能掌握熟练的同学进行同质分组,便于教师在线下课堂教学中进行更具针对性的技能指导。也可对同学进行异质分组,将技能掌握熟练的同学与技能掌握较差的同学分到一组,以期实现小组内部带动性作用,缩小班级学生间的差距。

(三)性格分组

性格分组是指依据学生的个人性格特征进行分组,性格特征主要分为外向型和内向型两种。外向型的同学往往表现出身体素质好、运动能力强、技能学习快的特点,但是其学习状态不稳定。内向型学生的身体素质以及运动能力相较于外向型来说稍差一些,但在学习过程中学习态度认真、沉着稳定。针对该组类别进行分组的时候也可依据同质性或异质性分组。按同质性分组时,有利于实现更具针对性的个性化教学;而按异质性分组时,不同性格学生之间在学习过程中交互影响,有利于学生健全人格的培养。

(四)友伴分组

友伴分组是指教师依据对学生相处关系的分析,将关系密切的同学归为一组,友伴分组是一种小型的团体分组。在学生关系融洽的情况下,这种分组形式有利于调动学生的积极性并且促进良好锻炼习惯的养成,同时也有利于学生终身体育意识的培养。

(五)合作型分组

合作型分组是指学生在学习的过程中,学生之间协同合作进行学习。例如,教师课后布置拓展性练习,要求学生进行资料的搜集、整理和共享。这需要学生在小组内进行不同的工作分配和任务分割。

三、SPOC 体育教学方法

SPOC 体育教学过程中,依据教学形式和特点,主要涉及以下几种教学方法:分组教学法、案例教学法、练习法、任务教学法、以直接感知为主的教学方法和讨论法等。

(一)分组教学法

对学生采取同质或异质分组,在线上线下教学中,学生进行分组学习并完成教师布置的任务。

(二)案例教学法

教师对学生课上录像进行分析,将具有共性错误的动作作为案例进行分析和讲解。

(三)练习法

学生依据教师布置的任务及线上的学习材料进行分组练习。

(四)预防和纠正错误法

组内成员在练习过程中,互相发现问题并及时纠正,教师在教学过程中也应积极发现学生练习过程中的问题并及时给予指导。

(五)任务教学法

SPOC 教学的一大特点就是拥有项目化和问题化的教学设计。无论线上教学还是线下教学,教师需给学生布置一定的学习任务,线上部分学生对技术动作的认识程度,线下部分学生对技术动作的掌握程度,这些任务都需要进行可量化的设计。

(六)以直接感知为主的教学方法

教师线上展示优秀运动员的动作分解或慢动作视频,直观展现技术动作,有利于学生形成运动表象。线下课堂上教师也可再次展示技术动作。

(七)讨论法

学生线上自主学习结束之后,就线上的学习情况进行讨论,包括线上学习中的疑难点及体会。

第六节　SPOC 体育教学资源的开发和设计

一、线上体育教学资源的开发

线上体育教学资源的开发包括视频资源、PPT 课件及动画制作等。SPOC 教学资源由教师组织团队进行设计和开发，团队成员有任课教师、助理教师、技术人员等。课程资源开发的主要方式有改造式、引进式、自建式三种，即引进 MOOC 课程、技能教学视频和网络公开课资源，建设成特有的 SPOC 教学课程；或将本校已经开设的精品课程升级改造，建设成 SPOC 教学课程。

学生在自学过程中可以自主暂停、慢速播放、重复多次观看视频等影视材料，加以 PPT 和文字说明，形成了动静结合、多位一体的教学模式。例如，在学习中可以结合排名靠前的体育选手的视频资料，进行直观的技能展示及案例分析。

为防止动作速度快、角度位置不佳等问题导致动作完成过程学生看不清楚，影响学生对动作的掌握，教师在进行动作示范时，配合幻灯片播放讲解连续的动作定格，更有利于学生对技术的学习及掌握。课上学生进行练习动作的视频录制，课下通过视频将自己与教师在平台上发布的技术动作进行比较，有利于学生及时发现并调整错误动作。

课程学习资源的开发也包括练习题和讨论话题的设计，这是基于行为主义及建构主义理念的重要资源和练习设计，也是 SPOC 教学策略的重要部分。

二、线下体育课教学资源的开发

线下资源的开发包括五个部分，即体育设施资源的开发、人力资源的开发、课程内容资源的开发、校外及课外体育资源的开发、其他课程资源的开发。

三、SPOC 体育教学平台

平台的核心模块主要包括微课程建设、编辑；习作、考试以及评价设计；教学行为管理功能设计；PBL 创新教学功能设计。其中，课程的建设与编辑是指教师通过编辑添加教学素材提供给学生。教学行为管理功能则是指教师通过平台的统计数据了解学生的习作完成情况、视频观看次数等。习作、考试及评价模块可以让教师实现快速新建习作、按顺序选题、对试题答案和分数进行设置等。PBL 创新功能教学设计是一种基于问题式的教学方式，在平台上可以自动生成小组，学生通过小组形式商讨解决问题的方案，小组内部共同编写问题解决方案。

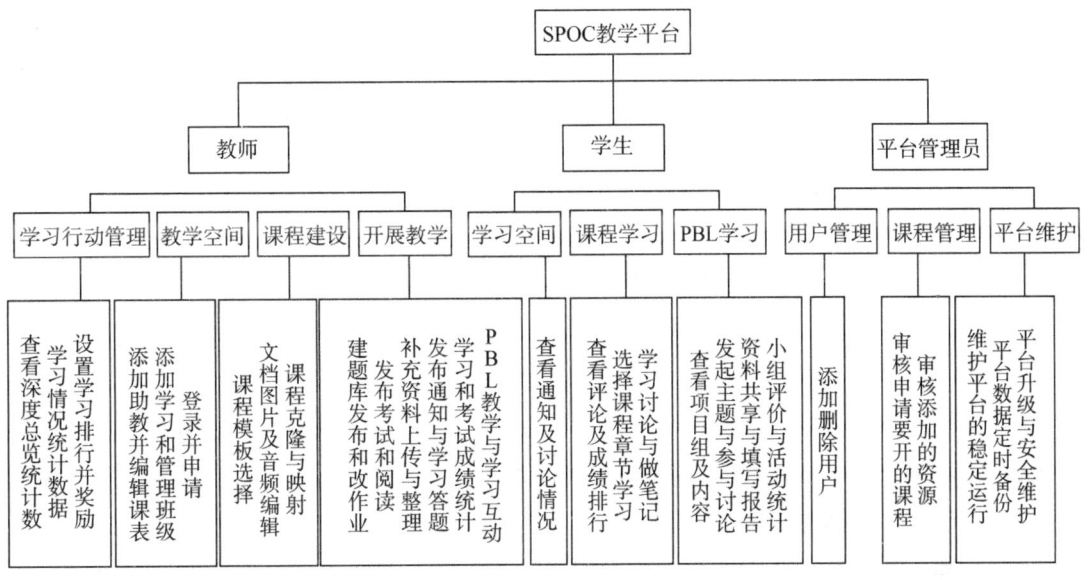

图 7-2 SPOC 教学平台功能框架

SPOC 教学平台的构建非常复杂，需要投入大量的心血且对教学条件的要求很高。如果 SPOC 教学条件不够满足，必须通过其他教学媒体进行弥补。有学者提出利用腾讯系列软件来构建高校的 SPOC 教学平台并开展 SPOC 体育教学，如 QQ、微信等，具体实现方式如图 7-3。

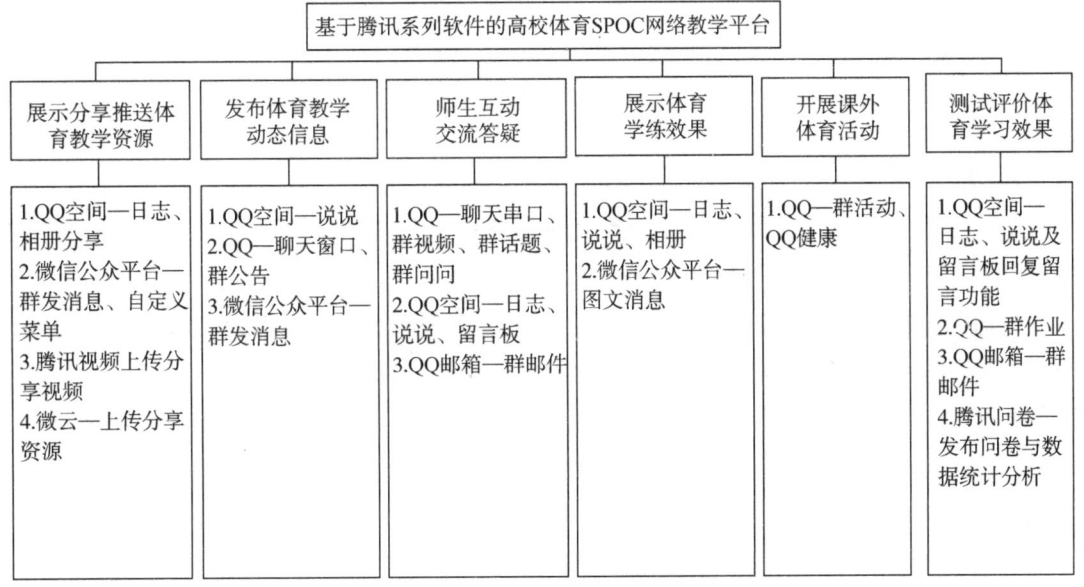

图 7-3 基于腾讯系列软件的高校体育 SPOC 网络教学平台的主要教学功能及实现方式

第七节　SPOC 学习及教学活动顺序

学生和教师的活动顺序是以教学内容为依据。SPOC 体育教学形式中，学生和教师的活动分为线上及线下两部分，时间跨度上分为课前、课中及课后三部分。

一、在线交流方式的设计

SPOC 教学的教学内容重点在于学生间的交流。每个学生在各自的社会背景下所构建的知识不同，对事物的理解也不同，学习者可以通过社会性合作、小组协商和讨论了解事物的另一面，建构相较于原本的认知更加全面、深刻的理解。

SPOC 教学的交流形式主要分为线上以及线下两种，线上交流主要针对线上课堂学习结束后的新学习内容的疑难点；线下课堂学习结束后，学生可与同学及教师交流疑问及体会。通过交流，教师可一定程度上掌握学生的学习情况，便于课上发现问题。

二、基于 SPOC 的翻转课堂教学活动

SPOC 翻转课堂教学活动分为课前、课中和课后三个阶段，学习形式分为线上和线下两种。

（一）课前：基于 SPOC 平台学生自主合作探究式学习

1. 教师活动

明确课程学习目标，布置学习任务，列出课程学习重难点，上传视频资源、PPT 课件、学习任务单、拓展资源链接等。

教师依据教学内容和学习重难点编制测试题目并上传至 SPOC 平台，对学生学习进行引导督促，与学生积极交流，引导学生学习并帮助学生解决问题。

依据视频观看时长、课前测试情况、学生提问、学习难点、欠缺的知识、错误的概念等进行收集和统计，教师通过平台分析和纸质记录，对相应问题进行归类，以期对学生的整体情况有详尽的了解。

2. 学生活动

首先，学生登录 SPOC 平台自主进行学习。查看学习任务单，明确课程学习任务重难点，使其在自主学习过程中有明确的目标。

其次，学生正式开始 SPOC 平台课前学习。课前学习主要是在平台上进行线上自主学

习以及小组合作学习。个人自主学习主要是进行 SPOC 教学视频及 PPT 课件的观看等，自主学习后对于疑难点学生可在 SPOC 交流平台上与小组同学开展积极的讨论。

再次，学生需进行在线自测。学生完成视频和 PPT 学习后，需自主完成教师上传至平台的测试题目，检验课程知识掌握情况。

最后，课前 SPOC 体育课程平台学习结束后，学生应在线下进行初步的肢体模仿练习，以达到技能和动作的初步泛化阶段。基于体育课程学习实践性强的特点，学生在课前进行初期的肢体练习，可为线下的课堂教学打好技术基础。

（二）课中：基于传统课堂的线下教学和学习活动

1. 教师活动

（1）确定问题。问题确定主要是指课前依据平台记录所整理出来的共性问题。SPOC 平台的主要优势就是对学生学习行为以及学习情况有所记录，依据平台记录，教师可以轻松地找出学生在课前 SPOC 学习中所表现出的共性问题。

（2）刺激回忆课前学习内容。教师带领学生进行刺激性回忆视频学习课程。依据课程主要知识节点，以文字和语言的形式对学生的记忆进行刺激性回忆，为教学做准备。

（3）引导学生讨论共性问题，对学生课前技能成果展示予以评价。针对课前小组讨论没有解决的问题，教师引导学生在课堂中提出，各小组开展组间讨论，最后由教师进行答疑和评价。

（4）布置课堂技能练习任务。小组学生进行自主技能练习时，教师进行查看，对于不足之处予以指正，并引导学生小组进行技能学习互评。

（5）采集课上视频图像资料。通过摄像机等手段，采用远写、近写、特写的手段或利用镜头的推拉，从不同的角度表现出学生的运动动作及球体的运动轨迹。

2. 学生活动

（1）针对共性问题开展组间讨论。依据课前对疑难问题的拓展探索和延展性认知，与其他小组进行讨论。

（2）进行课前技能学习成果的展示。在共同性问题讨论结束后，以小组为单位进行自主技能练习。

（三）课后：以评价和总结为主

1. 教师活动

（1）教师对课堂学习情况予以总结和评价，分析课前及课中线上线下学习成果及不足。

（2）上传课堂学生练习视频，尤其是优秀学生的技能练习视频，进行优秀作品的展示。

（3）布置一些拓展任务。

（4）针对学生找到的优质资源及教师的优质资源进行共享。

（5）教师对课后学生的学习体会进行记录，以此作为后续教学的经验和依据。

（6）将学生技术图片和录像与优秀运动员进行动作对比，发现其中的不足和差异，帮助学生进一步改进技术动作。

2. 学生活动

（1）登录平台进行技能学习总结，填写总结记录，完成技能学习反馈。

（2）观看教师上传的优秀技能学习案例视频及自己的技能练习视频，主动与教师提供的优秀运动员的录像进行比较，找出差异和不足，自主改进。

（3）完成教师布置的拓展任务。

（4）技能学习后，在组内及组间开展讨论。

第八节　SPOC 体育教学评价

一、诊断性评价

在开展教学课程之前，对学生的技能及知识基础进行了解，为资源开发以及课程设计提供依据。

二、形成性评价

（1）对视频点击率、学生参与率、习作完成质量等进行统计，并以此为依据对学生的学习态度进行统计和分析。

（2）对课堂表现及技能完成效果等线下教学表现做出总结评价。

（3）学生对自我学习情况进行评价，包括理论知识与技能学习两方面，再与同学进行互评，以便更加清楚地了解自我学习情况。

（4）对教师、学习资源及支撑服务系统进行评价。

三、总结性评价

教学设计的总体评价是指教师在一个阶段的教学结束之后，依据教学过程中出现的问题对教学设计进行评价，以期修改并完善教学设计。

总结性评价主要通过学期末的理论与技能考核形式来完成。传统体育教学中的考核形式包括课堂表现考核以及技术考核。技术考核则包括技术评价以及成绩达标两方面。SPOC 体育教学考核形式也分为这两个部分，但其区别在于 SPOC 的课堂表现不仅包括传统的线下课堂的表现，也包括线上学习的表现，这也是学生课堂表现的主要部分。线上课堂表现有教师布置任务的完成情况、学生的讨论和发言情况、对学习资料的点击情况等。在技术考核方面则与传统课堂类似。

第九节　SPOC 体育教学模式与传统体育教学模式的差异分析

　　SPOC 体育教学流程是在传统体育教学模式的基础上融合了 SPOC 教学特点进行的设计，具体构建流程遵循教学设计的基本顺序，囊括了各环节，可以分为前期、中期以及后期三个部分，前期包括背景分析、目标制订、任务分析、策略的设计、教学资源的开发这五个部分；中期是指具体的 SPOC 课堂学习；后期指评价部分。

　　SPOC 教学模式与传统体育教学流程存在一定的差异，本节主要从前期、中期、后期三部分进行比较和分析，直观呈现出 SPOC 体育教学模式与传统体育教学模式的差异（表7-1、表 7-2）。

表 7-1　传统教学模式与 SPOC 体育课堂教学模式教学设计前期差异对比

教学模式	传统体育教学模式	SPOC 体育教学模式
背景分析	（1）学生知识起点（运动项目相关理论知识）	（1）学生知识起点（所学项目相关理论知识、对 SPOC 学习形式了解程度）
	（2）学生态度起点（课程学习态度）	（2）学生态度起点（课程学习态度、参与 SPOC 形式学习的接受程度和意见）
	（3）环境分析（线下实体课堂教学环境分析）	（3）环境分析（线上学习平台以及线下课堂的学习环境分析）
媒体资源开发	很少采用媒体资源进行授课	SPOC 包括教学平台的开发以及平台上教学资源的设计，资源包括视频、动图、文字等形式，具有富媒体特征

表 7-2 传统教学模式与 SPOC 体育课堂教学模式中期教学差异对比

教学模式	传统教学模式	SPOC 体育教学模式
课堂教学环节	仅有课堂上的教学	变课堂教学结构为课前、课中以及课后三个部分，分别在线上线下两个平台进行教学
复习与学习	复习上节课所学基本内容	课前学习新内容、课中教师刺激回忆、课后教师线上补充
复习与学习	学习本节课新内容	根据教学任务与进度所需要达到的目标以及学生是否达到课程预期目标以及现有水平。达到预期目标则进行下一阶段学习，没有完成任务的同学则应继续完成任务
教学组织方法	集中在课上进行授课，学生自主分散进行练习，没有固定分组，教师进行指导	学生课前在线上进行自主学习以及协作式学习，教师课上刺激回忆知识点，固定分组课上练习，同学之间互相评价监督，教师巡视指导，教师布置任务，学生课下查找资料进行延展性学习
要求	对于学生的自主练习内容提出要求	强调学生的自主学习能力以及自主构建知识体系的能力和搜集资料的能力，同时也强调学生实践能力对于身体素质也有一定的要求
练习时间	教师讲解、学生练习、教师纠正与提示，教师占用学生课堂练习时间较多	教师刺激学生回忆课前学习知识。学生小组自主练习、教师纠错以及同组学生之间互相纠错
练习次数	由学生拥有的固定的练习时间所决定	由学生的学习效果以及个人的积极性和兴趣决定，以实现教师所固定的任务以及学习目标为导向

相较于传统体育教学设计的前期部分，SPOC 体育教学增加了线上平台。在背景分析环节与传统体育教学的区别主要是学生的个人知识起点、态度起点及环境分析的不同。个人知识起点方面，增加了学生对 SPOC 了解程度的分析，有利于更好地对开展 SPOC 教学。态度起点方面，增加了学生对 SPOC 课程学习态度的信息采集，了解学生对 SPOC 课程的态度和可接受程度，便于改革教学服务。环境分析方面，增加了对线上平台的分析环节，针对线上平台的基本功能和需求进行了解并按需设计，确保设计完成的平台符合教学及学生实际需求。

富媒体是 SPOC 相较于传统体育课程的重要特征。传统体育教学设计较少涉及媒体资源开发，而 SPOC 媒体资源的开发包括平台及平台上相关学习资源的设计开发。

在中期教学环节中，SPOC 体育教学与传统体育教学的区别主要体现在课堂教学环节、复习与学习、教学组织方法、要求、练习时间、练习次数等方面。

传统体育课程只开展课中教学，而 SPOC 体育课程将课堂分为课前、课中和课后三个部分。课前和课后在线上平台开展，课中部分在线下课堂开展。课前学生自主及合作学习新内容，课中教师刺激学生回忆线上学习内容并进行针对性补充，课后教师根据学生学习情况选择性安排学生进行线上拓展延伸学习。

复习与学习是指教学进度，传统教学模式依据教学进度按部就班地完成教学内容。而 SPOC 体育教学模式依据学生学习情况具体分析，根据认知主义及建构主义理念调整学习进度，对学习效果不佳的同学进行针对性辅导，保持班级整体教学进度和学习水平。

在对学生的学习要求方面，传统的体育教学模式仅强调学生技术动作细节。而 SPOC 体育教学模式除对技术动作细节要求外，还强调学生的自主和协作学习能力、发现错误及纠错能力等。

在练习时间方面，在传统体育教学模式中，教师占用课堂时间进行技能讲授，学生练习时间减少，教师也不能实现针对性纠错。而 SPOC 体育教学模式中，技能授课调整到线上进行，学生练习时间增加，教师时间得以最优化的利用。SPOC 体育教学不仅实现了教师针对性纠错，还提倡学生间互相交流、互相纠错。

在后期的评价部分，由于 SPOC 形式的高校体育教学增加了课前及课后的线上学习，因此，在评价方面，更多地增加了对学生线上学习的评价；而在诊断性评价方面，除了对学生技能及学习能力的诊断性评价之外，还增加了学生对 SPOC 学习形式的认识及了解程度的诊断性评价；在形成性评价方面，增加了对学生线上学习态度及行为的评价并作为期末成绩评价指标的一部分。此外，SPOC 形式的高校体育教学相较于传统体育教学更加侧重学生自评及互评能力的提高。

综上所述，传统体育教学模式是在多年实践中探索得到的一套具有科学依据和规律的教学模式，具有自身的优势，但也存在一系列问题，如以分数为导向扼杀了学生除学习以外其他方面能力的培养；教学效果在很大程度上受制于教师的教学水平；教学方式单一，学生学习兴趣低下；学生被动接受知识，限制了其自主学习的能力。而 SPOC 教学模式融合了建构主义、认知主义及行为主义的理念，以学生为教学中心，倡导学生自主学习，教师进行辅导，因材施教，做到具有针对性的个性化教学。在课上练习部分，以学习目标以及学习任务为导向，引导学生进行学习，教师以学生是否达到目标为标准，判断学生学习的有效性，并以远程教育理念为基础，在教学过程中克服远程教育的缺点，如学生积极性较低等问题，构建一个适合且高效的教学模式。

第八章 "线上线下混合式"教学模式在健美操课程中的设计与实践

第一节 健美操专项课"线上线下混合式"教学方案设计

一、健美操专项课"线上线下混合式"教学方案设计的原则

教学方案设计的原则是根据一定的教学任务，遵循教学过程的规律而制订的对教学的基本要求。课程的性质和课程的教学目标决定了教学方案设计原则的不同。在《现代教学论》中指出，教学设计要遵循发展性原则、平衡性原则、结构化原则、最优化原则和愉悦性原则，且这些原则具有普遍适用性。在《体育教学设计》中指出，体育教学设计的原则有目标性原则、整体优化原则、程序性原则、可操作性原则、灵活性原则、创新性原则和趣味性原则。结合健美操专项课和"线上线下混合式"教学的特点，经过研究对比分析，选取了以下原则作为健美操"线上线下混合式"教学方案设计的依据：

（一）目标导向性原则

目标导向性原则是指教学设计要遵照教学目标。因此，在设计健美操专项课"线上线下混合式"教学方案前，要认真解读健美操专项课的教学大纲，了解和剖析健美操专项课的课程目标、学生的学习需求以及目前教学中所出现的问题，并通过教学方案的形式将健美操专项课"线上线下混合式"教学的具体步骤、具体教学目标等呈现出来。健美操专项课"线上线下混合式"教学方案设计的每一环节都应考虑对教学目标实现的功能和作用，以此确保健美操专项课在后续教学中对学生能力的引导作用。

（二）整体优化原则

教学设计的整体优化是在设计和组织教学中体现的，包括：对教学对象的分析；教学目标的制订；教学策略的确定以及教学过程的安排。整体优化原则要求把教学设计当成一个整体，要注重整体与各要素之间的关系和相互作用。既要从整体的角度设计教学过程，又不能忽视要素与要素之间的相互联系，如：健美操专项课学习需求与学生特征、健美操专项课教学内容与教学效果、健美操教学中出现的问题与解决方案、健美操专项课教学目标与教学评价等要素间的相关性，设计出最优化的健美操专项课"线上线下混合式"教学方案，增强健美操专项课教学系统的整体功能，提高教学的整体效益。

（三）程序性原则

程序性原则是指在教学方案的设计过程中要遵循教学规律，然后再有序地进行编排。因此，在教学设计中健美操专项课的学习程序编排要遵循健美操专项特点，在原有的程度上，针对学生的学习心理、健美操专项理论知识、学生的身体素质、健美操专项技术技能等进行更深层的学习和转化。这不仅能促进学生对健美操动作技能与理论知识的掌握，对学生的学习能力和社会适应能力的形成也有影响。借鉴巴班斯基优选教学方法的程序，并结合健美操专项课教学的实践，可以将健美操专项课"线上线下混合式"教学的程序性设计分为以下几步：①明确健美操专项课教学任务和目标；②提出健美操专项课"线上线下混合式"教学的设计蓝图；③对多种教学方法进行优化组合；④健美操专项课"线上线下混合式"教学方案的实施和对该模式的评价。

（四）可操作性原则

可操作性原则是指健美操专项课"线上线下混合式"教学方案要贴近健美操专项课的课程特点，根据教学实际做到有据可依、切实可行。要充分了解学生进入学习前的基本情况，如：学生的身心特点、技能水平等。结合学生基本情况与学期目标，才能对教学目标进行设计和编写。教学设计不能过于理想化，不能把学生不会做或短期内无法完成的活动强行加入，要在实践中不断修改和充实，建立科学、合理的教学设计。同样也不能照搬教材上的案例和模式，要对教学对象进行分析。这是为了提高教学效果，所以不能标新立异，急于求成。否则，无论教学者的理论知识水平多丰富先进，都达不到预期的教学效果。

（五）灵活性原则

灵活性原则是在面对不同学生、教学内容和教学形式时，能动地调节各环节使教学达到最合理化。健美操专项课"线上线下混合式"教学方案的设计,不仅要考虑教学活动的形式(线上或者线下),还要考虑教学过程中教师与学生、学生与学生之间的关系和角色变化,这是一个动态的过程,因此教学方案的设计需要具备开放性、动态性的特点,以适应教学过程中的种种变化。

(六)及时评价与反馈的原则

教学中的评价与反馈是反映教学效果的重要依据之一,健美操专项课"线上线下混合式"教学设计中需要考虑如何合理反馈学生的学习情况,特别是学习的过程。通过分析学生学习结果,可以反馈健美操专项课"线上线下混合式"教学设计的优势与不足,为修正和充实教学方案提供支撑和方向。

二、健美操专项课"线上线下混合式"教学的具体方案设计

(一)健美操专项课"线上线下混合式"的教学目标

教学目标是指在教学活动中所期待得到的学生的学习结果。教学活动以教学目标为导向,且始终围绕实现教学目标而进行。本章将运用布鲁姆的目标认知分类理论,参照武汉体育学院《舞蹈表演专项基础——健美操》课程教学大纲,结合武汉体育学院艺术学院2020级大众健美操专项学生的情况及健美操课程的教学特点,将健美操专项课"线上线下混合式"教学目标从认知领域、情感领域和操作领域三个领域进行划分:

1. 认知领域

(1)通过理论学习,能够对大众健美操运动的起源、发展有较深的了解,理解大众健美操运动的定义与分类。

(2)熟练掌握大众健美操的基本动作、难度动作术语及速记符号。

(3)熟练掌握学校大众健美操课程的文件制订和教学方法的运用。

(4)熟练掌握大众健美操训练的方案制订。

2. 情感领域

(1)具备健全的人格与正确的世界观、人生观、价值观。

(2)培养勤奋努力的学习态度、较强的团队协作能力和热爱大众健美操项目的执着精神。

3. 操作领域

(1)掌握基础动作的技术要领。

(2)加强组合动作的速度与准确性,提高肌肉耐力。

(3) 学会识别大众健美操的音乐类型、节拍及旋律。

(4) 初步掌握难度动作的技术要领，提高难度的完成情况。

(5) 提高身体素质，提高成套动作的完成情况，加强动作技术的规范，提升表现力。

（二）健美操专项课"线上线下混合式"的教学内容

1. 健美操专项课"线上线下混合式"教学内容的分类

健美操专项课"线上线下混合式"教学的关键是要分配好"线上""线下"的教学内容和教学时间。什么内容适合"线上"学习、什么内容适合"线下"教学的方式才能取得更好的学习效果，这是在设计教学方案前必须要讨论清楚的。因此，对健美操专项课的课程内容进行分析，并对课程内容进行分类是十分有必要的。可以根据知识表征来判断课程内容的类型，分为陈述性知识和程序性知识。所谓知识表征，就是知识在人脑中记载和呈现的方式。陈述性知识是关于事实、定义、程序与规则是什么的知识，其表征形式有：命题、表象、线性排序和图式。程序性知识，就是关于如何行动的知识，如动作技能、智慧技能及认知策略，其表征形式为：产生式。确定课程内容的教学方式，也需要结合"线上"和"线下"教学模式的特点来进行。"线上"教学模式在时间、空间的选择上会更加自由，在线的学习资源也很充足，学生可以通过校园网登录 MOOC、超星学习通等在线学习平台获取自己所需的知识；"线上"学习模式可以跨时空的提供图片、视频等信息，且学生可以根据自己的学习进度和学习需要开展个性化的学习。"线上"教学模式更适用于陈述性知识的学习。"线下"教学模式也有自己的优势，健美操专项课属于专业基础课，"线下"教学有利于技术课的开展，学生可以更直观地接受教师的指导。健美操的课程特征决定了线下课程对健美操教学的重要性。除了动作技术的学习，在"线下"课程中还可以加强师生之间、生生之间的交流，培养学生的集体荣誉感，也能提供良好的学习氛围。"线下"教学的方式更适用于程序性知识的学习。

健美操专项课的教学内容主要分为：理论、技术和技能三个板块。其中，理论板块的内容主要包括：大众健美操概述、大众健美操术语、大众健美操教学理论和大众健美操训练四个章节，主要是健美操基础理论知识的学习，属于陈述性知识，可以采用"线上"教学模式。技术板块的内容主要包括：基础动作、组合动作、乐感训练、难度动作、素质训练和大众健美操成套动作，属于程序性知识，可以采用"线下"教学模式。技能板块的内容主要包括：示范、讲解能力和技术的讲解与分析能力。这一板块属于陈述性知识与程序性知识并存的综合性内容，因此要根据课程内容的具体情况来判断是使用"线上"还是"线下"教学模式。例如：可以通过"线上"观看示范讲解视频，了解做示范、讲解时的注意事项，学生可以通过在线问答及时与教师沟通交换意见。通过"线下"的示范、讲解模拟训练来完成实践练习。

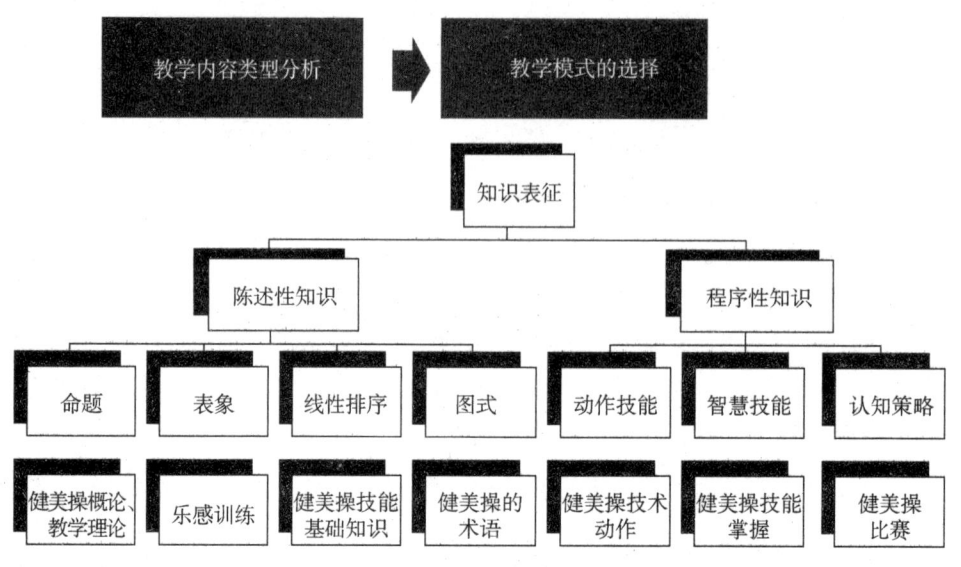

图 8-1 健美操专项课教学内容的知识表征分类

2. 教学内容的"线上"和"线下"时间的分配比例

通过查阅现有的文献资料发现，按照"线上"和"线下"的时间比例分配，将混合式教学模式分别规划成了 6 类：面对面驱动模式（Face-to-Face Driver Model）、交替学习模式（Rotation Model）、柔性学习模式（Flex Model）、在线学习 + 机房辅导模式（Online Lab Model）、自选混合模式（Self-Blend Model）、在线驱动模式（Online Driver Model）。这 6 种混合式教学模式都适应不同的教学情境和学生学习需求，专家建议面对面驱动模式和交替学习模式更适合国内的混合式教学。这种类型的学习模式是指，"线上"与"线下"的教学根据科学的时间表进行。在健美操专项课的"线上线下混合式"教学中，不论是"线上"教学还是"线下"教学，都是整个教学模式中重要的一部分，不是以哪个为主哪个为辅的单纯混合，而是根据教学中的不同阶段和内容进行动态的调整，要尽量将"线上"与"线下"的优势最大化，所以交替学习模式更适用于健美操专项课的"线上线下混合式"教学。

国外有关学者认为，线上所占比例为 30% ~ 79% 的是混合式教学，低于 30% 的称为网络辅助教学，高于 80% 的称为"在线教学"。因此，在健美操专项课"线上线下混合式"教学中，"线上"教学的比例要大于等于 30% 且小于等于 79%。在此基础上，可以根据教学内容不同类型的数量来分配"线上"和"线下"的时间。

"线上"和"线下"时间的分配比例公式为：

$$T_{\text{线上教学}} : T_{\text{线下教学}} = N_{\text{陈述性知识}} : N_{\text{程序性知识}}$$

陈述性知识较多的板块线上教学的比例相对占比高一些，程序性知识多的板块则线下教学占优。

健美操"线上线下混合式"教学方案的配比，是在上述理论的基础上，将教学内容进行问卷设计，随后邀请专家对教学内容的占比进行勾选，并通过专家选取占比的均值来确定"线上"教学和"线下"教学的配比范围。最后，得出的结论是：理论阶段学习（"线上"教学12.54%，"线下"教学4.18%）、技术阶段学习（"线上"15.54%，"线下"57.36%）、技能阶段学习（"线上"教学4.12%，"线下"教学6.26%）。

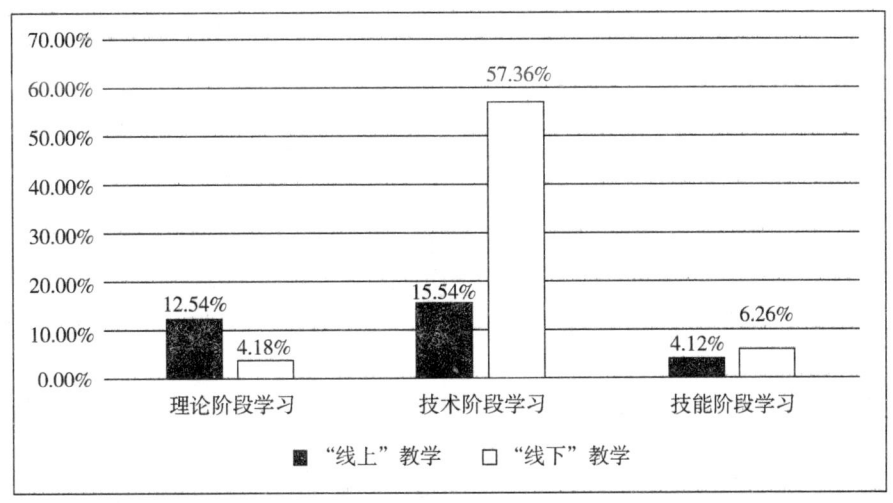

图8-2 健美操"线上线下混合式"教学的分配比例

第二节 健美操课混合式教学的实践

为了对基于超星学习通APP平台的混合式教学设计与健美操课程进行结合与完善，就需要将设计好的混合式教学设计方案与实践教学进行实践，以此来验证超星学习通APP平台在健美操教学中的效果，然后根据实践效果对混合式教学设计进行优化和完善。本研究是将设计好的超星学习通APP平台运用在成都体育学院健美操课中，进行混合式教学实践研究，如图8-3所示。

一、健美操课混合式教学实践对象分析

教学实践前对学生的健美操学习情况、混合式教学的认知情况做了相应的了解。调查得出，学生的学习动机不同，主要集中在掌握健美操教学的能力、提高创新能力、成为"一专多能"的应用型人才、增强就业能力等方面。目前大部分学生都是正处在互联网发展热潮中，乐于接受智能软件的使用。由于新冠肺炎疫情影响，学生2019—2020年是在家进行网络课程学习，对超星学习通APP的应用和操作比较熟练。因此，将超星学习通APP融入健美操课中，是基本符合学生的自身特征的，并且学生都在使用智能手机，大三

的学生在前两年已经完成了大部分的学业,掌握了相应的基础理论知识和基本技能,有更多的闲暇时间在网络上浏览自己所需要的信息。从身心发展特点来看,作为高校生群体,具有较好的身体素质和较成熟的思维能力及判断能力,高级情感逐渐发展成熟,但不够独立自主。在学习风格上有自己独特的个性,运用自己的方式获取学习资源。

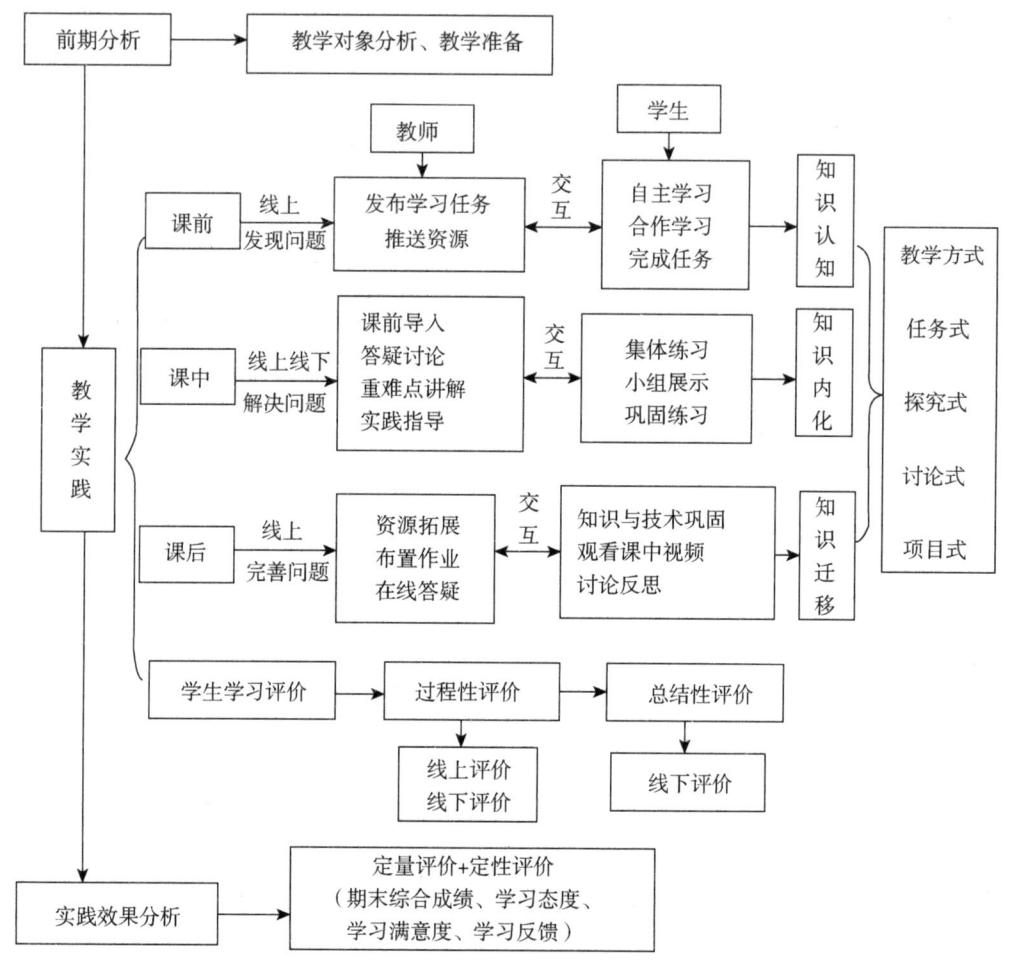

图 8-3 健美操课混合式教学的实践

二、健美操课混合式教学准备

(一)课前调研工作

教学实践前了解硬件设施要基本满足混合式教学的需要,上课地点要在体育馆,多媒体投影和音箱等设备配置齐全,并且网络环境良好,有网络安全保护措施,有无线和有线网络支持。学生智能设备、学习软件、交流软件的使用情况也要齐全,学生智能手机使用率为100%，同时微信交流软件的使用率为100%，90%以上的学生有电脑，网络及流量均能满足在线学习的条件。学生在大一和大二参与过网络辅助学习，在大二下学期普拉提课程是采用网络在线学习的方式进行，使用的是超星学习通 APP 和腾讯会议 APP，对超星学习通 APP 操作和线上学习已有一定基础。在对学生的基本情况了解之后，利用微信交流软件通过面对面建群的形式，建立一个本学期健美操课微信交流群，以便后期混合式教学的开展。

（二）混合式教学环境分析

常规健美操教学都是围绕课堂进行的，在课堂上，教师采用"讲解→示范→练习→纠错→再练习"这一模式来学习健美操技术动作，完成教学活动。他们学习健美操技术大部分的课时是在健美操馆进行学习的，而在课堂上进行理论知识的学习较少，而采用混合式教学则可以很好地弥补这一不足。健美操课学生人数多，72 学时的教学工作量较大，如果无法做到对每一个学生的技术动作进行讲解和指导，最终将会影响课堂效率。因此，混合式教学中，将健美操教学活动由课堂延伸到了课外，在课上教师可与每一个学生进行技术交流与指导，及时掌握学生对于健美操技术动作的学习情况，利用教学平台与学生进行及时的沟通与交流，弥补教学中无法对每个学生进行技术指导与互动、交流、讨论的不足。

（三）超星学习通 APP 教学平台班级的建立

在进行混合式教学之前，教师通过电脑端在健美操课程班级管理栏目下新建健美操班级，将班级邀请码或邀请码截图发送到微信交流群，让学生加入健美操网络虚拟班级中。

（四）健美操课程分析

健美操与其他学科课程不同，作为专业核心课程内容，作为人才培养中健身娱乐专项学生的必修课，健美操课程构建以市场需求为导向，以技能服务为主架构的"知识、能力、素质"相统一的一体化课程体系。健美操属于难美项群类，特征主要是展现难美性，其动作具有一定的特殊性。对于零基础或基础薄弱的学生来说，学习起来有一定的难度。该课程内容突出运动生理性与健身性，在健美操内容的选择上以市场为导向，直面学生就业为特色，是根据不同人群与不同场所选择不同类型的健美操内容。通过本课程的学习，使学生了解和掌握健美操运动理论与实践的专业技术技能，能够从事休闲健身服务、指导、经营、管理等方面工作，具有较强工作能力和社会适应能力，掌握项目创新的基本方法。以"理论+实践+健身设计+职业技能培训+营销"为主要培养形式。在教与学过程中，采用混合式教学极大地实现了理论与实践的转换，使学生可以较好地掌握健美操知识，能更好地胜任休闲体育健身服务、指导、教学等方面的工作。

三、健美操课混合式教学实践流程

健美操课混合式教学中，教师与学生的活动由两部分组成，即线上和线下两种方式，时间跨度包含课前、课中和课后三部分。下面以健美操为例，展开混合式教学实践研究，教学过程综合运用探究式、任务式、项目式、讨论式、互动式以及角色扮演等多种方法，充分调动学生学习的主观能动性，激发学生的学习热情。

（一）课前自主学习阶段

其任务式、项目式教学方法组织和引导学生进行自主学习。首先，教师需要在第四周第一次课上课前将有关俱乐部类有氧搏击健身操拳法动作和组合动作的完整示范与分解、教学视频、音乐，以及第四周有氧搏击健身操教案、PPT等内容发送至超星学习通APP中推送给学生。并将预习内容的信息同步发送至微信交流群，以便学生规划课前自主练习方向和对知识的重构提供了时间。其次，在这个过程中，教师主要是引导学生对预习健美操教学视频和课程资料进行学习，加深对健美操技术动作和对重难点的理解。学生不仅可以自己对视频中技术动作有关问题与同学在微信群里进行沟通和交流，还可以在网络虚拟班级中与教师进行交流。这一阶段的主要目的是促使学生主动参与学习，培养其独立思考的能力，同时还可以让学生在课前建立深刻的动作表象。

（二）课堂教学阶段

与传统健美操课堂教学部分相似，包括准备部分、基本部分和结束部分。

1. 准备部分

学生在每次上健美操时都将提前10分钟到达健美操馆进行拍照考勤，并将照片发送至微信交流群，其目的是提醒还没有到达课堂的同学抓紧时间到达课堂。在教学中，为了提高学生自身的技能与教学指导水平，学生到达课堂后，各组组长和组员轮流上台带领大家进行热身准备活动、自主复习或交流健美操技术。教师在有氧搏击健身操教学活动开展之前，依据教学进度并结合课前在线平台设计课前小问题，目的是解决学生课前疑惑。针对课前学生讨论的问题，如健美操运动每次运动的时长、心率一般控制范围、有氧搏击健身操练习的注意事项等，教师利用几分钟时间与学生以讨论式、互动式、探究式展开教学，对学生的课前预习情况和课堂行为表现进行简要的评价和反馈。教师运用提问的方式随机点名让学生回答问题，了解学生课前对于有氧搏击健身操的学习情况，问题主要涉及新授课和复习课内容。提问环节结束后，进行集体热身练习，练习形式为一位组长或一位组员带领下的分组练习，目的是培养学生的领操能力，增强学习积极性和自信心。分为一般性和专门性活动，时间控制在15~20分钟，这样安排热身活动是为了充分调动学生的各项身体机能。

2. 基本部分

首先，根据学生的自主学习反馈情况，确定课堂需重点讲解的内容。其次，教师进行有氧搏击健身操技术动作教学前，了解学生对于基础动作的掌握情况，对已掌握的知识点不再着重进行讲解和示范，而侧重点主要集中在学生课前自主学习阶段所提出的问题和难度技术动作方面，进行有针对性的讲解、示范、指导。最后，教师把课堂上的大部分时间留给学生自主进行有氧搏击健身操练习，学生实操练习的方式包括集体练习、分组合作练习和自主练习，教师对于一些技术动作练习不标准的学生，以及学生对健美操技术动作的掌握情况一并用手机进行拍摄。此时，安排见习生同教师一起拍摄并将其动作视频发送至微信交流群，其目的是让学生在课后可以根据超星学习通 APP 中上传的标准技术动作与自己练习的技术动作进行对比，了解自己对技术动作的掌握情况，从而进行改进和完善。

集体练习，即组长带领组员上台进行集体的有氧搏击健身操练习，这一阶段教师的主要任务是对学生的有氧搏击健身操技术动作进行统一规范。其次，通过集体练习，教师要将练习的方法教给学生，使学生不仅可以学会技术动作，还可以学会如何去指导练习。以任务驱动与讨论互动的方式进行分组协作练习时，分组遵循组间同质、组内异质和优势互补的原则。共分为8组，每组6人，选择技能与各方面都比较好的两位同学担任组长和副组长，有利于学生优势互补。组长带领组员加深学生对有氧搏击健身操技能和练习方法的掌握，提高学生的技术水平、教学能力和指导能力，在分组练习中教师主要是培养学生实践操作能力。在教学实践后期的分组练习与传统教学中的分组练习有所不同，不再单一地对技术动作进行练习。以休闲健身俱乐部为例，当学生有了一定的健美操基础知识后，各小组构建网络虚拟健身操俱乐部，在健身俱乐部中各成员根据自身优势在其中充当不同的角色，比如组长担任健身操俱乐部经理，一些成员担任健美操教练，一些成员担任健美操课营销员，还有些成员担任俱乐部的有团操课的私教等，再进行分组练习时还要各成员发挥各自的职能，对健身俱乐部中健美操进行教学、训练、指导、管理与营销，各组间既是竞争对手，又是合作伙伴。教师对各虚拟健身俱乐部的设计与实施在课堂中针对性进行指导，让学生进一步体验相关岗位工作流程与操作，通过学习、训练与实践操作后，发展学生的实践能力、职业能力与综合能力等。

分组练习结束后，进行小组练习成果展示，各组进行观摩学习，取长补短，各组展示时其他组长对其进行视频拍摄，接着进行相互点评以及纠正技术动作，教师与同学一起做有氧搏击健身操组合练习中下肢的动作，学生可以直观地观察到正确动作与错误动作的区别，以互动式教学进行教师评价、助教评价、组间评价和组内评价相结合的方式展开评价，最后以自主学习或小组讨论、实践技术动作练习的形式完成教师布置的随堂习作。

在身体素质练习阶段，针对学生在掌握健美操技术所需要的专项素质薄弱板块进行合理安排，教师在课堂上讲解练习方法，如节奏放慢，四拍一动练习哑铃操对于上肢力量的控制，与男生相比，女生上肢力量薄弱，可练习跪姿俯卧撑，学生以项目式和任务驱动的方式，课后自主在微信小程序打卡完成第四周上肢力量的身体素质练习的内容。在拉伸放松练习时，教师在每节课都会随机点两位同学上台带领大家进行降低运动负荷的拉伸练习，选用轻松愉快的音乐，达到放松身心的目的。放松练习的内容由两位同学课前自备，课堂上教师检验学生的自备内容是否符合要求，并给予现场指导。

3. 结束部分

最后 5~10 分钟时间，教师带领学生再次梳理本节课健美操知识脉络，总结本节课所学内容。在做小结时首先要肯定学生的学习成果，表扬表现突出的学生，表扬组长在经过几周不断地练习与尝试，复习本周所学：健美操基本步伐组合 3~5 时在台上尝试镜面示范带领组员完成组合动作，通过鼓励与表扬不断地增强学生的学习信心，鼓励学生对课程内容进一步学习与巩固；其次要指出学生在学习过程中的不足和需要完善的地方，如个别同学对于身体姿态的控制较差等问题；最后根据本堂课学生学习以及有氧搏击健身操技术动作的掌握情况，有针对性地布置课后习作，课后将习作内容信息发送到微信交流群，并提醒习作提交截止时间。

（三）课后教学阶段

学生参与健美操技能的练习与实践，是对健美操知识进一步内化凝聚，由感性升华为理性阶段，主要是通过练习将动作技能加以巩固和强化，形成肌肉记忆，达到技能自动化的过程，同时根据教师课堂指导对本组的健身俱乐部不断完善，理论加实践，各组进行实际操作的强化练习。教师课后将学生在课堂实践拍摄的有氧搏击健身操练习视频传到微信交流群里，同时对练习好的技能动作给予鼓励，根据学生的课堂学习反馈与技能练习情况，对教学资料进行补充。也可以将有氧搏击健身操练习视频传到超星学习通 APP "讨论"栏，组员可以根据自己的实际情况查看，并对练习视频进行相互交流。学生通过观看视频，明确自己在课堂实践练习过程中存在的问题，进行反思学习。

课后习作以拍摄视频的方式上传到超星学习通 APP "习作"栏。学生根据自己的实际情况灵活选择练习的场地和时间，组长带领组员利用课间休息时间在田径场或者健美操馆拍摄视频习作并将所教授的动作组合以镜面和背面示范，录制成 2 分钟内的短视频，一些学生对于身体素质练习则选择在寝室里完成打卡。教师对学生习作提交和练习情况进行批阅与反馈，各组组长监督本组成员的完成情况，以及教学实践后期各小组成员在网络虚拟健身俱乐部中的任务完成情况。通过这样"混合式"学习方式，使学生更好地掌握所学健美操技术及相关理论知识，将课堂"内与外"、理论与实践有效地结合起来。

四、健美操课混合式教学评价

健美操课混合式教学主要针对观察学生课堂表现、出勤率、平时在线提交习作、在线参与讨论与交流情况、期中和期末技能测试情况等进行综合评价，根据前文所设计的评价表进行评定。

　　课前阶段：超星学习通 APP 平台健美操课程学习情况与习作完成情况，是课前线上阶段的评价。评价方法：在学习健美操基本步伐组合创编时，教师提供与健美操相关的视频教学资料，以及上届学生创编的优秀视频，课前学生自主学习，教师记录学生对课程预习内容的完成情况。

　　课中阶段：包括出勤、回答问题、学习与互动表现这几部分，是课中线下阶段的评价。评价方法：学习与互动表现，如教师在课堂讲解健美操中有氧运动的运动时间、运动负荷与有氧运动时的心率等知识时，提出如何合理安排练习密度这一问题供小组开展讨论。讨论中，教师观察各组成员的互动情况，进行评价记录，同时依据回答教师的提问表现方面，对学生的评价内容、参与次数、完成情况进行评价和记录。最后，根据学生整学期的整体表现，进行综合评价。如在进行本学期期末健美操创编考试中，由于超星学习通 APP 平台中的问卷功能局限，无法满足健美操课程的测评需求。因此，选用超星学习通 APP 平台的"讨论"功能展开教学评价，线下开展技能测评，线上学生将测试的内容拍摄成视频，在线上开展自评与互评。健美操创编评价方式：

　　（1）在课堂中对小组创编套路以及小组创编内容 PPT、Word 版及学生个人表现进行自我评价和相互评价。教师现场发布讨论，根据教师的指示，当各组在展示创编成果时，其他小组用本组组长手机拍摄视频，课后将视频上传到超星学习通 APP 平台讨论栏，按照评价标准公平合理地对小组创编作品及小组个人表现进行自评与互评。学生评价后，教师团队课后进行统计，计算本次小组创编习作成绩，教师团队提前设置小组健美操创编习作质量自评及互评量表。

　　（2）在各小组创编套路展示完毕后，其他小组代表提出意见和建议，教师做出点评，随后各个小组按照健美操创编习作质量自评及互评量表为该组打分或评出相应的等级。在各个小组分别展示创编作品并完成作品质量自评及互评后，每个同学根据小组成员在完成健美操基本步伐组合创编习作过程中的表现，填写健美操基本步伐组合创编个人表现自评及互评量表。

　　课后阶段：从主题交流与讨论情况、完成课后练习习作情况这两部分，是课后线上与线下阶段的评价。评价方法：如教师在课后布置了练习全国第三套大众健美操 5 级组合，学生练习并上传练习视频至超星学习通 APP "习作"栏中，教师会对每个同学的习作练习完成情况进行批阅，未完成的健美操技术动作练习的同学不仅个人分数会比较低，连带本组成员的分数也会降低。此外，督促学生参与创编作品评价，教师团队在课后根据评价表和成绩占比评定学生健美操创编成绩，计算各小组成员健美操创编的最终成绩。

　　线下课堂考核：期中和期末考试属于单独的总结性评价，目的是测验学生本学期的学习成果。本课为全技能考核课程，期中考试为社区类基本步伐组合测试（五选二）与俱乐部类街舞健身操，成绩分值占比20%，期末考试为有氧健身操创编与技能等级类全国大众健美操 5 级，成绩分值占比 50%。期末考核方式为：①采用个人技评的形式。②采用小组教学比赛的形式。具体考核形式由任课教师来定。

五、混合式教学实施中需要注意的事项

（一）把握网络平台教学与传统教学融合的合适度

由于学生个体差异，很难将网络平台教学与传统教学相结合，适用于每个同学，因此需要把握好两者结合的合适程度。在教学中，交互程度怎样最合适才对学生学习最有帮助，以及如何将课中学习技术与课后巩固练习进行较好地融合。混合式教学相较于以往的传统课堂教学而言，增加了学生学习工作量，如何将课前预习内容和课后习作设计好，以及对学生课后技术练习时间和自主预习任务量的把控，这些都需要教师根据学生实际情况进行详细分析。

（二）合理地选择教学平台与教学内容

随着信息技术的发展，现今有多种类型的网络教学平台，选择一个符合健美操课程的网络教学平台，是实施混合式教学的开始。健美操课的内容偏重实践操练，在选择教学平台与教学内容时需要进行多方面考虑。选择教学平台的界面和功能要适用于理论知识与技术动作的教学，适用于本课程且操作方便，符合教学对象和教学内容。对线上教学内容的安排和选择既可以是理论知识，也可以是健美操有技术动作的视频讲解，要循序渐进地安排进行。

（三）做好教学组织之间的衔接

混合式教学中师生活动紧密联系，教师设计的教学组织应充分发挥学生的主体性，使学生主动进行学习，教师需要在不同教学组织之间做好过渡与衔接。在实施健美操混合式教学的过程中可能会有各种问题，需要教师做出相应的调整与总结，同时也需教师投入更多的时间与精力，合理地调整个人时间，并注重教学实施的细节，做好各项内容的衔接。

（四）教学评价详细地量化

学生成绩一是过程性评价即平时表现（占 30%），主要是对其课前预习情况、小组任务完成质量、随堂练习得分以及超星学习通 APP 平台讨论区活跃度等线上数据对学生进行评价；二是总结性评价即技能考试（占 70%），主要是期中与期末测试。健美操课的混合式教学设计中提出教学评价包含多种评价方式。虽然丰富评价方式，但过程性评价中各部分应按相应的比例转化到总成绩中，由于本人教学经验的不足，没有给出评价各项比重的量化细则，需要进一步改进今后的混合式教学过程，依据标准计算出科学的量化规则。

结　语

在信息化技术推动体育教学变革的背景下，高校体育课开展"线上线下混合式"教学是未来必然发展趋势。通过阅读大量文献和调查发现，高校已开展多学科不同程度的"线上线下混合式"教学，但由于学校的硬件和软件、教师的信息素养、学生自主学习能力等因素，最初"线上线下混合式"教学开展的效果不是太理想。因此，如何优化目前"线上线下混合式"教学，提高教学质量，培养与新时代相符的人才是教学改革的热点问题。

健美操专项课"线上线下混合式"教学方案的设计还处于初步研究阶段，在通过不断的实践和检验后还需要对方案进行修改和优化。"线上线下混合式"教学的过程性评价需要依托成熟的线上教学平台，在教学评价的同时还要对学生的信息和数据进行保密，这就要求线上教学平台有较完善的保障体系。此外，本书对健美操专项课"线上线下混合式"教学学生评价体系的初步建立，一定程度上能够为学校的健美操专项课评价体系提供参考。但仍然还有很多不足，受可实施程度的影响，评价指标的选取还是不够全面的。所以，结论可能存在着一定的局限性和不足，还需要在未来的进一步调查和研究中进行修改和优化。"线上线下混合式"教学对学生学习心理、理论知识、身体素质、技术技能和考核评价方式都有积极影响，但线上线下发挥的优势还不够明显，在后面的研究中还需要对方案设计、教学评价体系进行修改和调整。此外，"线上线下混合式"教学方案的设计与教学评价之间的结合还不够完善，需要进一步优化。